A perda de instrumentos, produtos e vantagens do crime no Código Penal português

A perda de instrumentos, produtos e vantagens do crime no Código Penal português

HISTÓRIA, SOLUÇÕES E DESAFIOS

José Nuno Ramos Duarte

ALMEDINA

A PERDA DE INSTRUMENTOS, PRODUTOS E VANTAGENS DO CRIME NO CÓDIGO PENAL PORTUGUÊS
HISTÓRIA, SOLUÇÕES E DESAFIOS
AUTOR
José Nuno Ramos Duarte
EDITOR
EDIÇÕES ALMEDINA, S.A.
Avenida Emídio Navarro, 81, 3D
3000-151 Coimbra
Tel.: 239 851 904 • Fax: 239 851 901
www.almedina.net • editora@almedina.net
DESIGN DE CAPA
FBA
PRÉ-IMPRESSÃO
EDIÇÕES ALMEDINA, S.A.
IMPRESSÃO E ACABAMENTO

Abril, 2023

ISBN
978-989-40-1130-9

DEPÓSITO LEGAL

ALMEDINA | GRUPOALMEDINA

Aos meus avós.

"Se o motivo de um crime é a vantagem que se representa com ele,
a eficácia da pena está na desvantagem que se espera dela".

Michel Foucault (1926 – 1984)

RESUMO

A nossa legislação prevê, desde há longa data, mecanismos que, para defender a sociedade do crime, permitem que o Estado fique com a titularidade de instrumentos e produtos de factos ilícitos-típicos. Com a aprovação do Código Penal de 1982, a perda de bens a favor do Estado foi alargada às vantagens económicas resultantes de práticas criminosas, inicialmente apenas às vantagens obtidas directamente através dessas práticas, mas depois, também, às vantagens indirectas ou subsequentes. Devido, no entanto, às diferentes concepções existentes sobre a natureza jurídica do instituto da perda de bens, o alcance das soluções adoptadas nunca foi consensual.

Numa altura em que se exploram diferentes caminhos para impedir que o crime constitua fonte de proveitos financeiros e combater manobras cada vez mais elaboradas de ocultação do património obtido por meios ilícitos, procede-se neste estudo à análise do regime da perda de bens consagrado na parte geral do Código Penal português, procurando-se, em primeiro lugar, perceber qual o sentido da evolução das normas que o compõem para, depois, se concluir sobre o seu enquadramento dogmático. Subsequentemente, são avaliadas as consequências jurídico-processuais da posição adoptada, avançando-se, então, para o exame mais pormenorizado das medidas de confisco de instrumentos, produtos e vantagens previstas no nosso Código Penal e dos pressupostos que devem presidir à sua aplicação prática. Na conclusão do trabalho ensaia-se, ainda, uma reflexão sobre as vias que poderão ser exploradas para conferir uma eficácia acrescida aos mecanismos clássicos da perda de bens, reforçando o papel que eles já desempenham no combate ao crime.

Palavras-Chave: perda de bens, instrumentos do crime, vantagens económicas, sanção criminal.

ABSTRACT

For many years, Portuguese legislation has provided for mechanisms that allow the State to confiscate means and products of illicit acts in order to defend society from crime. With the approval of the Penal Code of 1982, the confiscation of property by the State has extended to include the proceeds of criminal activity – initially, only direct proceeds and, later, also indirect or subsequent benefits. However, due to the different existing concepts of the legal nature of property confiscation, the scope of the adopted solutions has never been consensual.

At a time when different paths are being explored to prevent crime from being a source of financial profit and to counter increasingly intricate methods of concealing illegally obtained assets, this study analyses the property confiscation regime under the general part of the Portuguese Penal Code. Firstly, we clarify the meaning of the evolution of its norms, and we draw conclusions on its dogmatic framework. We then go on to evaluate the juridical and processual consequences of our position. Finally, we examine in detail the measures for confiscation of instrumentalities and proceeds of crime under the Portuguese Penal Code and the assumptions that should preside over their practical enforcement. In the conclusion, we present some reflections on the paths that can be explored to improve the efficacy of the traditional property confiscation mechanisms, emphasising their present role in fighting crime.

Key-Words: confiscation, property, instrumentalities, proceeds, criminal penalty

SIGLAS E ABREVIATURAS

AAFDL	Associação Académica da Faculdade de Direito de Lisboa
AR	Assembleia da República
ASJP	Associação Sindical dos Juízes Portugueses
BFD	*Boletim da Faculdade de Direito (Coimbra)*
BMJ	*Boletim do Ministério da Justiça*
CC	Código Civil
CDADC	Código do Direito de Autor e dos Direitos Conexos
CEJ	Centro de Estudos Judiciários
CJ	*Colectânea de Jurisprudência*
CP	Código Penal português de 1982 (na sua versão que, actualmente, está em vigor)
CP/1852	Código Penal português de 1852
CP/1886	Código Penal português de 1886
CP/82	Código Penal português de 1982, na sua versão original, aprovada pelo Decreto-Lei n.º 400/82, de 23 de Setembro
CP/95	Código Penal português de 1982, na redacção que lhe foi dada pelo Decreto-Lei n.º 48/95, de 15 de Março
CPC	Código do Processo Civil
CPI	Código da Propriedade Industrial
CPP	Código do Processo Penal
CRP	Constituição da República Portuguesa
DR	Diário da República
LOSJ	Lei de Organização do Sistema Judiciário (Lei n.º 62/2013, de 26 de Agosto)
PR	Presidente da República
RC	Tribunal da Relação de Coimbra
RDES	*Revista de Direito e Estudos Sociais*

RE	Tribunal da Relação de Évora
RGIT	Regime Geral das Infracções Tributárias
RJR	*Revista Jurisprudência das Relações*
RL	Tribunal da Relação de Lisboa
RLJ	*Revista de Legislação e Jurisprudência*
RMP	*Revista do Ministério Público*
ROA	*Revista da Ordem dos Advogados*
RPCC	*Revista Portuguesa de Ciência Criminal*
RRC	*Revista de Regulação e Concorrência*
RP	Tribunal da Relação do Porto
StGB	*Strafgesetzbuch* (Código Penal alemão)
STJ	Supremo Tribunal de Justiça
TC	Tribunal Constitucional
TEDH	Tribunal Europeu dos Direitos do Homem
UE	União Europeia

1.
Introdução[1]

O crime, como todos os fenómenos sociais, constitui uma realidade dinâmica e evolutiva que acompanha a História do ser humano.

Entre os povos primitivos, mais voltados para a satisfação de necessidades básicas de sobrevivência, eram mais comuns os crimes de sangue, mas, com o surgimento da propriedade privada, emergem os delitos de natureza patrimonial e, bastante mais tarde, com a consolidação dos poderes soberanos, passam também a assumir relevância os delitos contra o Estado e contra a organização económico-social. Desde o passado mais longínquo até aos dias de hoje, a criminalidade nunca deixou de revelar peculiaridades e tendências diferentes das anteriores, assumindo também particulares formas e características consoante a área geográfica, as condições demográficas e o estado de desenvolvimento económico e cultural das populações.

Para combater o fenómeno criminal e defender os bens jurídicos estruturantes da vida social, o Estado adoptou, ao longo dos tempos, estratégias e mecanismos de índole bastante diversa, entre os quais sempre se destacou o papel das sanções dirigidas aos agentes do crime.

[1] Trabalho escrito segundo as normas ortográficas anteriores ao Acordo Ortográfico da Língua Portuguesa de 1990 que corresponde ao texto da dissertação de mestrado em ciências jurídico-criminais apresentada, sob a orientação do Professor Doutor André Lamas Leite, à Faculdade de Direito da Universidade do Porto, após ligeiras adaptações e a introdução pelo autor de aprimoramentos pontuais estimulados pelo debate que, durante as provas públicas realizadas em Novembro de 2022, foi travado com a arguente, Professora Doutora Sandra Oliveira e Silva.

Numa primeira fase, a reacção criminal assentava, essencialmente, numa ideia retributiva, de *vindicta* ou devolução ao infractor do mal praticado. Assim se alcançava a "expiação" necessária para se obter o restabelecimento da ordem pública afectada, o que se conseguia tanto com castigos corporais, como com a segregação ou com a expulsão do delinquente do meio comunitário. Punia-se a desordem ocorrida e, simultaneamente, protegia-se a sociedade da desordem futura, quer daquela que pudesse provir da pessoa punida, quer daquela que pudesse ser causada por outras pessoas. Para tal, as sanções eram especialmente severas e dolorosas, procurando-se conferir-lhes uma exemplaridade marcante, essencial para, pela intimidação, prevenir a reincidência e manter todos os potenciais infractores afastados do crime [2].

Paralelamente, foi-se desenvolvendo o conceito de composição (*compositio*) [3], forma alternativa de reacção contra o crime, primeiramente centrada na reparação do dano causado ao ofendido pela acção delituosa, mas, mais tarde, visando também a reparação da ofensa que o crime constituiu para a comunidade, para o Estado ou para o Soberano. Nesse contexto, emergem os mecanismos sancionatórios de cariz pecuniário e de confiscação de bens, com os quais se procurava – não raras vezes a par de desideratos económicos – atingir o infractor e demover o potencial prevaricador [4].

Com a evolução dos tempos, as estratégias de política criminal alteram-se e, com o eclodir do Iluminismo, ganham primazia os princípios humanistas que conduzem a uma mudança de perspectiva, passando-se a encarar as sanções criminais, também, como uma oportunidade para ressocializar o indivíduo e, por essa via, prevenir o crime. Em vez da segregação, procura-se a integração. Mais do que castigar o agente,

[2] Sobre as formas primitivas da reacção contra o crime, em especial sobre o período da vingança privada e respectivas evoluções, *vide* CAEIRO DA MATTA, *Direito Criminal Português*, I, pp. 15 – 24.

[3] Nas palavras de CAEIRO DA MATTA, "[g]radualmente o elemento económico da composição substitue-se ao elemento ethnico da vingança" – *Direito Criminal*, I, cit., p. 19.

[4] Quanto à reversão para o Estado das sanções pecuniárias e à importância que estas passam a assumir no âmbito do movimento centralizador do *ius puniendi*, *vide* A. LAMAS LEITE, «Contributo para a evolução histórica das penas substitutivas», *Revista Jurídica Luso-Brasileira*, Ano 5, n.º 3, pp. 181-182.

no seu corpo, na sua pessoa e na sua fazenda, procura-se atingir a sua mente, incutindo-lhe a reprovação moral dos seus actos e motivando-o para a mudança e para a normatividade[5].

O crime, porém, permanece e prossegue o seu devir[6], continuando sempre a confrontar os Estados com a necessidade de melhorar os mecanismos destinados a sustê-lo.

Dentro desse esforço constante de aperfeiçoamento dos meios de combate ao crime, foram-se desenvolvendo e aperfeiçoando ferramentas já existentes na generalidade dos ordenamentos jurídicos, ainda que de uma forma algo dispersa, que permitiam aos Estados apreender e ficar com a titularidade de bens relacionados com a actividade criminosa.

Tendo na sua génese medidas com longa tradição histórica de confisco de bens dos criminosos, bem como de apreensão, por motivos de segurança, de objectos susceptíveis de serem ou de voltarem a ser utilizados no cometimento de crimes, tais procedimentos sancionatórios foram objecto de melhor sistematização. Passam então a ficar reguladas, com crescente definição, as possibilidades de perda a favor do Estado quer dos instrumentos do crime (*instrumenta sceleris*), quer de outros objectos que não devam ficar na posse de terceiros, como acontece com

[5] "Se não é mais ao corpo que se dirige a punição, em suas formas mais duras, sobre o que, então, se exerce? A resposta dos teóricos – daqueles que abriram, por volta de 1780, o período que ainda não se encerrou – é simples, quase evidente. Dir-se-ia inscrita na própria indagação. Pois não é mais o corpo, é a alma. À expiação que tripudia sobre o corpo deve suceder um castigo que atue, profundamente, sobre o coração, o intelecto, a vontade, as disposições. Mably formulou o princípio decisivo: '*Que o castigo, se assim posso exprimir, fira mais a alma do que o corpo*'." – M. FOULCAULT, *Vigiar e punir: nascimento da prisão*, p. 20.

[6] Nas palavras de J. FARIA COSTA: "[t]odos sabemos que nada nem ninguém para o caudal do rio da história e que o direito penal não é nem nunca foi margem desse rio, antes força vividora da torrente da vida, colectiva e individual, que os homens e as mulheres, ao longo de milénios, foram construindo e que, ao fim e ao cabo, coincide com a própria história. Todos sabemos, para o dizermos com as palavras insuperáveis de beleza e profundas de Camões, que '*mudam-se os tempos, mudam-se as vontades/muda-se o ser, muda-se a confiança/todo o mundo é composto de mudança/tomando sempre novas qualidades*'. Deste turbilhão de mudanças não se pode escapar. Dele não escapa o direito penal." – *Direito Penal e Globalização – Reflexões não locais e pouco globais*, p. 9.

os objectos criados ou produzidos pelo crime (*producta sceleris*) ou, até, dos objectos que foram obtidos através da prática criminosa (*quaesita sceleris*), mas que não devem ser restituídos aos respectivos donos, por não poderem ser detidos ou usados por eles. Paralelamente, desenvolve-se a ideia de que, assim como se deve diligenciar para se restituir ao ofendido os bens que lhe foram retirados e proporcionar-lhe condições para que ele, tanto quanto possível, fique indemne, também se deve colocar o infractor na situação patrimonial anterior ao crime, retirando-se-lhe aquilo que ganhou, ou seja, os proventos do crime (*fructa sceleris*).

Compreendendo-se que a perda dos benefícios do crime constitui um dos meios mais eficazes de luta contra a criminalidade, verifica-se um alargamento dos conceitos de modo a que o confisco possa atingir um leque de bens cada vez mais amplo e também para que o mesmo possa visar não apenas o infractor, mas igualmente terceiros detentores de direitos sobre bens que não se encontrem de boa-fé.

Nas últimas décadas do século XX, a evolução tecnológica intensificou-se, operando transformações profundas na forma de vida das pessoas e das comunidades. A facilidade de deslocação das pessoas e dos bens à escala mundial, o desenvolvimento dos sistemas de comunicação e a rapidez de acesso à informação gerou modelos de trabalho, de negócio, de troca de produtos e, até, de relações interpessoais, completamente diferentes dos tradicionais. Neste quadro, também se verificou uma alteração substancial ao nível dos modelos de criminalidade, passando os criminosos a dispor – tanto para actuarem, como para encobrirem o resultado das suas acções – de um manancial de instrumentos cada vez mais sofisticados, mas, igualmente, mais acessíveis, muitos deles envolvendo o uso de tecnologias comuns, mais ou menos incluídas no quotidiano das pessoas[7].

[7] Atento às transformações que se vinham a operar ao nível da criminalidade e à lógica economicista com que o crime passa a ser encarado em certos sectores – nos quais se decidia sobre a adopção ou não de condutas transgressoras em função da avaliação de risco que era feita, sopesando-se, de um lado, as probabilidades de êxito e as vantagens que daí podiam advir e, do outro lado, as probabilidades de sobrevirem consequências negativas e a respectiva penosidade –, J. Cunha Rodrigues observava, em 1999, que "[o] crime não é cometido apenas no âmbito das profissões; ganha o estatuto de profissão. Deixou de ser um subproduto dos negócios para ser um negócio em si mesmo. Não é estranho à economia: funciona segundo as suas regras, organiza-as e modela-as. Passa

Perante os novos paradigmas de criminalidade surgida, designadamente de índole económico-financeira, os Estados têm vindo a desenvolver esforços, tanto de âmbito nacional como internacional, para encontrar soluções capazes de os combater com uma eficácia diferente da proporcionada pelos mecanismos clássicos do Direito Penal. Essa luta tornou-se mesmo uma das áreas em que, ultimamente, maior investimento político-criminal está a ser efectuado, plano em que tem vindo a ser dado particular enfoque às estratégias que visam detectar e eliminar os proveitos proporcionados ou gerados pelas actividades ilícitas. Nesse sentido, na senda de orientações acolhidas em convenções internacionais[8] e definidas também por instrumentos normativos de Direito da União Europeia[9], têm-se verificado no nosso país, desde a década de 1990, intervenções legislativas destinadas a implementar medidas de natureza

frequentemente de patologia do poder a forma de exercício do poder." – «Os Senhores do Crime», *RPCC*, Ano 9, p. 9.

[8] Das quais podem ser destacadas as seguintes:

- Convenção das Nações Unidas contra o Tráfico Ilícito de Estupefacientes e de Substâncias Psicotrópicas, concluída em Viena em 20-12-1988 (aprovada pela Resolução da AR n.º 29/91, de 06-09 e ratificada pelo Decreto do PR n.º 45/91, de 06-09);
- Convenção do Conselho da Europa Relativa ao Branqueamento, Detecção, Apreensão e Perda dos Produtos do Crime, concluída em Estrasburgo em 8-11-1990 (aprovada pela Resolução da AR n.º 70/97, de 13/12, e ratificada pelo Decreto do PR n.º 73/97, de 13-12);
- Convenção contra a Criminalidade Organizada Transnacional, assinada em Palermo e adoptada pela Assembleia Geral das Nações Unidas em 15-11-2000 (aprovada para ratificação pela Resolução da AR n.º 32/2004, de 02-04, e ratificada pelo Decreto do PR n.º 19/2004, de 02-04);
- Convenção contra a Corrupção assinada em Mérida (México) e adoptada pela Assembleia Geral das Nações Unidas em 31-10-2003 (aprovada pela Resolução da AR n.º 47/2007, de 31-09, e ratificada pelo Decreto do PR n.º 97/2007, de 21-09);
- Convenção do Conselho da Europa Relativa ao Branqueamento, Detecção, Apreensão e Perda dos Produtos do Crime e ao Financiamento do Terrorismo, concluída em Varsóvia em 16-05-2005 (aprovada pela Resolução da AR n.º 82/2009, de 27-08, e ratificada pelo Decreto do PR n.º 78/2009, de 27-08).

[9] Dos quais constituem marcos mais importantes:

- as Directivas n.º 91/308/CEE, do Conselho, de 10-06-1991, e n.º 2001/97/CE, do Parlamento Europeu e do Conselho, de 4-12-2001 (relativas à prevenção da utilização do sistema financeiro para efeitos de branqueamento de capitais);

preventiva e repressiva que desincentivem a circulação e a integração na ordem jurídica de capitais e de outros bens ou vantagens resultantes de actividades ilícitas e, dessa forma, assegurem a restauração da legalidade e o equilíbrio das relações económicas[10].

- a Acção Comum de 3-12-1998 adoptada pelo Conselho com base no artigo K.3 do Tratado da UE (relativa ao branqueamento de capitais, identificação, detecção, congelamento, apreensão e perda de instrumentos e produtos do crime);
- as Directivas n.º 2005/60/CE, do Parlamento Europeu e do Conselho, de 26-10-2005, n.º 2006/70/CE, da Comissão, de 1-08-2006, n.º 2015/849 do Parlamento Europeu e do Conselho, de 20-05-2015, e n.º 2018/843 do Parlamento Europeu e do Conselho, de 30-05-2018 (relativas à prevenção da utilização do sistema financeiro e das actividades e profissões especialmente designadas para efeitos de branqueamento de capitais e de financiamento do terrorismo);
- va Decisão-Quadro n.º 2001/500/JAI do Conselho, de 26-06-2001 (relativa ao branqueamento de capitais, à identificação, detecção, congelamento, apreensão e perda dos instrumentos e produtos do crime);
- a Decisão-Quadro n.º 2003/577/JAI do Conselho, de 22-07-2003 (relativa à execução na UE das decisões de congelamento de bens ou de provas);
- a Decisão-Quadro n.º 2005/212/JAI do Conselho, de 24-02-2005 (relativa à perda de produtos, instrumentos e bens relacionados com o crime);
- a Decisão-Quadro n.º 2006/783/JAI do Conselho, de 6-10-2006 (relativa à aplicação do princípio do reconhecimento mútuo às decisões de perda);
- a Decisão-Quadro n.º 2007/845/JAI do Conselho, de 6-12-2007 (relativa à cooperação entre os gabinetes de recuperação de bens dos Estados-Membros no domínio da detecção e identificação de produtos ou outros bens relacionados com o crime);
- a Directiva 2014/42/UE do Parlamento Europeu e do Conselho, de 3-04-2014 (sobre o congelamento e a perda dos instrumentos do crime na UE);
- a Directiva n.º 2016/2258 do Conselho, de 6-12-2016 (que alterou a Directiva 2011/16/UE, relativa à cooperação administrativa no domínio da fiscalidade, no que respeita ao acesso às informações anti branqueamento de capitais por parte das autoridades fiscais);
- a Directiva n.º 2018/1673 do Parlamento Europeu e do Conselho, de 23-10-2018 (relativa ao combate ao branqueamento de capitais através do direito penal).

[10] Entre a numerosa legislação nacional aprovada, podem ser destacados os seguintes diplomas:

- DL n.º 15/93, de 22-01, no qual, a par de normas destinadas a agilizar a perda de objectos, direitos ou vantagens relacionados com o tráfico ilícito de estupefacientes e de substâncias psicotrópicas, foi prevista a incriminação da actividade de branqueamento dos capitais obtidos por via dessa actividade;

Não obstante os passos já dados, o combate à vertente patrimonial da criminalidade mantém-se na ordem do dia, continuando a ser estudadas as formas que melhor permitam alcançar a privação dos lucros e das fortunas ilicitamente adquiridas. Várias vias são exploradas, surgindo

- DL n.º 313/93, de 15-09, que veio estabelecer medidas de prevenção da utilização do sistema financeiro para efeitos de branqueamento de capitais obtidos através de crimes de corrupção, peculato e participação económica em negócio, administração danosa em unidade económica do sector público, fraude na obtenção ou desvio de subsídio, subvenção ou crédito, infracções económico-financeiras cometidas de forma organizada, com recurso à tecnologia informática, e infracções económico-financeiras de dimensão internacional ou transnacional;
- Lei n.º 36/94, de 29-09, que definiu medidas de combate à corrupção e criminalidade económica e financeira, estabelecendo procedimentos e instrumentos destinados a conferir maior eficácia ao nível da prevenção e da repressão deste tipo de criminalidade
- DL n.º 325/95, de 2-12, que veio consagrar medidas de natureza preventiva e repressiva contra o branqueamento de capitais e outros bens provenientes dos crimes terrorismo, tráfico de armas, extorsão de fundos, rapto, lenocínio, corrupção, peculato, fraude na obtenção ou desvio de subsídios e outras infracções económico-financeiras;
- Lei n.º 5/2002, de 11-01, que consagrou medidas inovadoras de combate à criminalidade organizada e económico-financeira, estabelecendo um regime especial de recolha de prova e de quebra do segredo profissional (artigos 2.º a 6.º) e introduzindo um regime especial de confisco do património do criminoso incongruente com os seus rendimentos lícitos;
- Lei n.º 11/2004, de 27-03, que estabeleceu que estabeleceu um primeiro regime de prevenção e repressão do branqueamento de vantagens de proveniência ilícita e procedeu à introdução no nosso Código Penal do crime de branqueamento de capitais (artigo 368.º-A);
- Lei n.º 25/2008, de 5-06, que estabeleceu medidas de natureza preventiva e repressiva de combate ao branqueamento de vantagens de proveniência ilícita e ao financiamento do terrorismo;
- Lei n.º 25/2009, de 5-06, que estabeleceu o regime jurídico da emissão e da execução de decisões de apreensão de bens ou elementos de prova na UE;
- Lei n.º 88/2009, de 31-08, que aprovou o regime jurídico da emissão e execução de decisões de perda de instrumentos, produtos e vantagens do crime;
- Lei n.º 30/2017, de 30-05, sobre o congelamento e a perda dos instrumentos e produtos do crime na UE.
- Lei n.º 83/2017, de 18-08, que veio actualizar e redefinir o leque de medidas de combate ao branqueamento de capitais e ao financiamento do terrorismo;
- Lei n.º 58/2020, de 31-08, que veio reforçar o quadro das medidas de combate ao branqueamento de capitais e ao financiamento do terrorismo.

propostas quer com vista ao alargamento do leque das condutas de dissimulação patrimonial abrangidas pelo crime de branqueamento, quer com vista à ampliação dos mecanismos que, com base em presunções baseadas em condenações penais, já permitem o confisco de bens sob a titularidade ou domínio dos agentes do crime [11], quer também com vista à adopção de medidas legislativas inovadoras, seja ao nível da criminalização de estados de riqueza não devidamente justificados [12], ou ao nível da adopção de procedimentos civis ou administrativos *in rem* que, sem dependência da verificação dos pressupostos da culpa criminal, possam canalizar para a esfera do Estado activos de origem suspeita [13].

Os caminhos que vêm sendo trilhados, apesar de atractivos e desafiantes, devem ser encarados com cautelas, não apenas pelos efeitos perversos que podem decorrer do recurso, cada vez mais alargado, a meios expeditos de recuperação de activos que, por contenderem com direitos fundamentais, deviam ter carácter excepcional, como, também, pela dificuldade de justificação dogmática das soluções que admitem incriminações sem a clara identificação do bem jurídico que fundamenta a sua autonomização, ou que permitem procedimentos estatais desligados da observância de princípios de proporcionalidade, bem como do necessá-

[11] Como já acontece, entre nós, através dos procedimentos regulados pela Lei n.º 5/2002, de 11-01.

[12] Entre nós, depois de o Tribunal Constitucional já se ter pronunciado pela inconstitucionalidade de leis aprovadas na AR visando a consagração, em 2012, do crime de «enriquecimento ilícito» e, em 2015, do crime de «enriquecimento injustificado» (*vide* os acórdãos do TC n.º 179/2012 [*DR* n.º 78/2012, Série I, de 19-04-2012] e n.º 377/2015 [*DR* n.º 156/2015, Série I, de 12-08-2015]), o tema voltou à ribalta em Abril de 2021, com a apresentação pela ASJP – no quadro participativo da audição pública sobre a Estratégia Nacional de Combate à Corrupção, aprovada pela Resolução do Conselho de Ministros n.º 37/2021, de 6 de Abril [*DR* n.º 66/2021, Série I, de 6-04-2021] – de uma proposta tendente à criminalização de condutas de ocultação de riqueza, motivando um debate que ainda se mantém, apesar das alterações ao Código Penal, ao Código do Processo Penal e a leis conexas que, entretanto, foram introduzidas pela Lei n.º 94/2021, de 21-12.

[13] Sobre esta matéria, *vide* Conde Correia, «*Non-conviction based confiscations* no Direito Penal português vigente: "quem tem medo do lobo mau"», *Julgar*, n.º 32.

rio respeito pelas garantias individuais próprias de um verdadeiro Estado de Direito[14].

Reconhece-se que, face ao desenvolvimento da criminalidade económica e à sua nocividade social, é premente apostar na agilidade e na eficácia das medidas que permitam anular as vantagens que a mesma propicia. Reconhece-se também que, como aponta J. CONDE CORREIA, "[o] confisco num Estado absoluto, que não conhece limites, é muito diferente do confisco num Estado de Direito democrático, onde os diferentes poderes se controlam e vigiam mutuamente"[15]. Todavia, a nobreza dos propósitos subjacentes às soluções legais não pode suavizar o dever irrevogável de garantir o respeito pelos direitos fundamentais que a todos assistem, sob pena de se cair na *vertigem* que PEDRO CAEIRO assinala contaminar alguns movimentos da política criminal contemporânea e que leva a que "[a]quilo que começa por ser uma solução específica e justificada para um problema localizado alastra rapidamente a outros sectores do sistema, perdendo a forma e o fundamento". Daí que se deva exigir que "[a] robustez do sistema do confisco seja medida não só pela sua eficácia na

[14] É certo que, principalmente a propósito da perda ampliada de bens, o TEDH já se pronunciou no sentido de que os avanços legislativos havidos não violam princípios jurídicos estruturantes como o da presunção da inocência, tendo também o regime de perda ampliada estatuído entre nós pela Lei n.º 5/2002, de 11-01, passado incólume pelo crivo do Tribunal Constitucional (Cf. HÉLIO RIGOR RODRIGUES / CARLOS A. REIS RODRIGUES, *Recuperação de Activos na Criminalidade Economico-financeira: Viagem pela idiossincrasias de um regime de perda de bens em expansão*, pp. 244 - 254). Continua, porém, em aberto o debate sobre o acerto teórico e a conformidade constitucional da possibilidade de alargamento dos pressupostos da perda, assim como sobre a instituição de procedimentos simplificados de perda e a adopção de novas figuras criminais destinadas a abranger estados tipificados de riqueza ou condutas omissivas de obrigações de declaração patrimonial - *vide*, quanto a tal, as palavras - plenamente actuais - de PEDRO CAEIRO em «Sentido e função do instituto da perda de vantagens relacionadas com o crime no confronto com outros meios de prevenção da criminalidade reditícia (em especial os procedimentos de confisco *in rem* e a criminalização do enriquecimento "ilícito")», *RPPC*, Ano 21, pp. 292 - 306, bem como a reflexão de SANDRA OLIVEIRA E SILVA em «Da corrupção ao enriquecimento ilícito: o alargamento do tipo incriminador como forma de contornar dificuldades probatórias?», *Criminologia Integrativa*, 2018; e, ainda, o artigo de FRANCISCO BORGES «Perda alargada de bens, alguns problemas de constitucionalidade», *BFD (Studia Iuridica)*, 108.

[15] *Da proibição do confisco à perda alargada*, p. 26.

recuperação dos activos, mas também pela solidez teórica da construção e pela efectividade com que protege os direitos dos visados. Sem essa dimensão, a vertigem pode transformar a robustez em tirania"[16].

Independentemente, porém, das maiores ou menores virtualidades das novas formas de combate à criminalidade reditícia, julga-se que o esforço em curso não pode prescindir do contributo dos modelos tradicionais, cujas funcionalidades, ante o afã da inovação, muitas vezes, não são devidamente exploradas. É o que se pensa acontecer com os mecanismos "clássicos" de perda a favor do Estado de bens relacionados com o crime[17], os quais, apesar de previstos desde há muito na nossa legislação penal, nem sempre têm sido objecto da análise desenvolvida que a sua importância prática justifica.

Neste trabalho, propomo-nos justamente aprofundar a análise do regime da perda de bens a favor do Estado que se encontra previsto na Parte Geral do Código Penal português[18] com o objectivo de, com vista

[16] «O confisco numa perspectiva de política criminal europeia», *O Novo Regime de Recuperação de Ativos: à luz da diretiva 2014/42/UE e da lei que a transpôs*, 2018, p. 36 – 38.

[17] A expressão 'perda de bens' tem sido utilizada ao longo da História para significar a privação da titularidade de bens ou valores que, por força de uma determinação da autoridade pública, passam para o domínio definitivo do Estado. Nessa medida, possui sentido idêntico ao de 'confisco de bens', expressão que, sem rigorosa distinção conceptual, sempre foi também usada na legislação antiga para retratar aquela realidade. No entanto, com o eclodir do Iluminismo, apenas subsistiu a expressão 'perda de bens', enquanto medida especificamente destinada à captura pelo Estado de objectos utilizados no cometimento de crimes, ou por estes produzidos, já que, em termos gerais, foi proibido o confisco, total ou parcial, do património dos particulares. De todo o modo, desaparecida esta proibição dos ordenamentos jurídicos, nenhum motivo há para se afastar a utilização do termo 'confisco' como sinónimo de 'perda', pois ambos possuem o mesmo conteúdo material, apenas se distinguindo por reflectirem a distinta perspectiva que a mesma realidade pode encerrar, consoante seja encarada sob a óptica de quem *perde* os bens que eram da sua pertença, ou a partir da óptica de quem *confisca* os bens que passam para a sua titularidade. Nessa conformidade, no presente trabalho, as duas expressões são utilizadas algo indistintamente, sem prejuízo de, pelo facto de o nosso Código Penal continuar a acolher a denominação tradicional de 'perda de instrumentos, produtos e vantagens', ser esta a terminologia utilizada nos títulos do estudo e haver natural tendência para, ao longo do texto, usá-la mais frequentemente.

[18] Não se tratará neste trabalho, portanto, de qualquer dos regimes especiais de perda de bens que, no nosso país, estão previstos em diversos diplomas legislativos, como é o

à boa utilização das suas funcionalidades, clarificar o sentido e o alcance das normas que o integram.

Dado, porém, que o regime de perda de bens actualmente plasmado nos artigos 109.º a 112.º-A, do CP resulta da evolução de um conjunto de preceitos legais que, desde há longa data, vêm sendo sucessivamente acolhidos na legislação criminal do nosso país, julga-se que a sua cabal compreensão não pode prescindir do conhecimento dos desenvolvimentos legislativos havidos e da História das diferentes normas que o compõem. Por isso, na parte inicial do trabalho, ocupar-nos-emos da análise da evolução na legislação portuguesa dos mecanismos que têm possibilitado a transferência para o Estado da titularidade de bens relacionados com o cometimento de delitos ou pertencentes aos seus agentes.

De seguida, entraremos no estudo mais desenvolvido da forma como se encontra regulamentada no actual Código Penal a matéria da perda a favor do Estado dos instrumentos, produtos e vantagens de crimes, começando-se, desde logo por apreciar as soluções que foram acolhidas na versão original do Código, aprovada em 1982. Subsequentemente, examinar-se-ão as alterações da regulamentação que ocorreram em 1995, em 2010 e em 2017, passos de investigação fundamentais para se compreender o texto que, actualmente, está em vigor.

Obtida uma visão completa do quadro legal vigente, em condições estaremos para, numa terceira fase do estudo, abordar a problemática

caso daqueles que estão regulados nos artigos 9.º, 46.º e 76.º do DL n.º 28/84, de 20-01, (perda de bens relacionados com infracções antieconómicas e contra a saúde pública), nos artigos 116.º e 117.º do DL n.º 422/89, de 2-12, (perda de objectos e valores relacionados com o jogo ilegal), nos artigos 35.º a 39.º do DL n.º 15/93, de 22-01, (perda de objectos relacionados com o tráfico de estupefacientes), nos artigos 18.º a 20.º da Lei n.º 15/2001 [RGIT] (perda de mercadorias, meios de transporte, armas e outros instrumentos relacionados com crimes fiscais e aduaneiros), nos artigos 7.º a 12.º-A e 12.º-B da Lei n.º 5/2002, de 11-01, (perda alargada de bens e perda de instrumentos relacionados com a criminalidade organizada e económico-financeira), no artigo 94.º da Lei n.º 5/2006, de 23-01, (perda e venda de armas apreendidas), no artigo 10.º da Lei n.º 109/2009, de 15-09, (perda de objectos no âmbito da Lei do Cibercrime), no artigo 201.º do CDADC, aprovado pelo DL n.º 63/85, de 14-03, (perda de coisas relacionadas com crimes de usurpação e contrafacção) e no artigo 329.º do CPI, aprovado pelo DL n.º 110/2018, de 10-12, (perda de objectos relacionados com crimes de concorrência desleal e outros ilícitos contra a propriedade industrial).

da natureza jurídica do regime de perda de instrumentos, produtos e vantagens estatuído no nosso Código Penal. Esta matéria motiva bastantes divergências doutrinais e, não obstante a sua matriz teórica, assume importância nuclear para, em função da posição perfilhada, se decidir sobre o conteúdo e a abrangência das normas que enformam o instituto. Assim, depois de se reflectir sobre as diversas visões que têm sido apresentadas sobre o tema, tomar-se-á posição sobre as mesmas, avaliando-se, posteriormente, quais as consequências jurídico-processuais da posição adoptada.

Munidos de todos os dados apurados, far-se-á uma análise global das normas que, quarenta anos depois da aprovação do Código Penal, regem em sede de perda de instrumentos, produtos e vantagens, aferindo-se quais os pressupostos que devem presidir à sua aplicação prática[19].

Por fim, serão feitas algumas reflexões gerais sobre o regime legal em vigor e as vias que, no futuro, poderão ser exploradas com vista a conferir-lhe maior eficácia.

[19] A este nível, dada a vastidão do tema, centrar-nos-emos na análise dos artigos 109.º e 110.º do CP, sem abordar especificamente as questões paralelas atinentes à tutela dos direitos dos terceiros titulares de bens objecto de perda (sobre este assunto, *vide* o estudo, particularmente detalhado, de João Cura Mariano, «A perda de bens de terceiro relacionados com o crime», *O Novo Regime de Recuperação de Ativos: à luz da diretiva 2014/42/UE e da lei que a transpôs*, 2018) e à salvaguarda dos direitos dos ofendidos, nem aquelas que se referem à forma como se opera a perda de bens sem condenação do agente (quanto a este último tema, *vide* Cruz Bucho, «A transposição da diretiva 2014/42/UE. Nota à lei n.º 30/2017, de 30 de maio», *O Novo Regime de Recuperação de Ativos*, 2018, pp. 239 – 260).

2.
A perda de bens por motivos criminais na história legislativa portuguesa

2.1. Os primeiros tempos

No período da fundação de Portugal como reino independente e da reconquista aos sarracenos do território que hoje pertence ao nosso país, as populações regiam-se por fontes de Direito muito diversas, coexistindo leis gerais oriundas de cúrias ou assembleias régias com disposições de Direito local, normas consuetudinárias, legislação de aforamento e outras disposições normativas de origens históricas bastante variadas. Sob esse pano de fundo, o Código Visigótico[20], compilação de leis surgida em meados do século VII e que, desde então, se constituiu como o mais importante instrumento legislativo da época, continuou até ao dobrar do século XII para o século XIII[21] a "[s]ervir como lastro jurídico comum ou ponto de referência dos povos peninsulares, *inclusive* para efeitos supletivos"[22].

Apesar de possuir máximas sobre a "*[j]usta medida das penas com o delicto*" ou a personalidade dos castigos "*[q]ue devem affectar somente o proprio criminoso, e não outros*", o sistema sancionatório do Código Visigótico caracterizava-se pela desigualdade das penas em função do estatuto social do infractor, bem como pela desproporcionalidade e severidade puni-

[20] *Codex Visigothorum*, também designado *Liber Iudiciorum, Liber Legis Gothicae, Forum Iudicum, Liber Iudicum, Codex Legum* ou Lex *Visigothorum Recesvindiana ou Ergiviana.*

[21] Martim de Albuquerque e Ruy de Albuquerque assinalam que "[S]ó a partir do século XIII, e em concomitância com o progressivo crescimento da legislação nacional e com a «redescoberta» do direito justinianeu; as menções ao *Código Visigótico* principiam a desaparecer", *História do Direito Português*, Vol. I, p. 97.

[22] M. J. Almeida Costa, *História do Direito Português*, 3.ª ed., p. 184.

tiva, consequência afinal da concepção de base que havia sobre aqueles que eram os verdadeiros fins das penas: "*[o] terror dos maus e a segurança dos bons*". O combate ao crime fazia-se, por isso, pela via da repressão e, quase sempre, penas diversas cumulavam-se para sancionar uma única infracção, surgindo entre as mesmas, maioritariamente para complementar a punição dos crimes mais graves, o confisco de bens. Era o que se verificava, nomeadamente, no crime de lesa-majestade e alta traição ("*se a piedade do principe concedia a vida ao réo, tiravam-se-lhe então os olhos, era descalvado, levava cem açoites, ficava por todo o sempre inhabilitado para ser restituido ao officio palatino, era feito escravo perpetuuo do principe (...) e, para complemento soffria confisco geral de todos os seus bens.*"), no crime de blasfémia (o blasfemador era "*[d]escalvado, açoitado, encarcerado, e seus bens confiscados*") ou também em relação ao crime do *judeu que não conduzia, renegando a fé dos seus pais, seus tenros filhos e os famulos seus, à pia do baptismo, ou elle mesmo se não fazia baptizar* (aplicava-se-lhe a "*[d]escalvação, cem açoites, desterro,* e *confisco geral*")[23].

Por outro lado, quando se admitia a composição dos crimes por penas pecuniárias, assegurava-se a sua execução com a substituição da pena daquele que não possuía meios para satisfazer o pagamento pela escravidão (situação igualmente dotada de relevante valor económico) e, caso o criminoso já fosse escravo, pela morte, a qual, ainda assim, podia ser remida pelo senhor que quisesse satisfazer o dano[24]. A arbitrariedade decisória era grande, mas, ainda assim, para a adjudicação dos bens do criminoso exigia-se a prévia prolação de uma sentença condenatória. Só após é que os mesmos podiam ser destinados, o que acontecia quer a favor da parte ofendida, quer da autoridade pública (fisco e/ou juiz)[25].

[23] Cf. Henriques Secco, «Da História do Direito Penal Portuguez desde os tempos mais remotos», *Revista Portuguesa de Legislação e Jurisrudência*, Ano 4, n.º 191, p. 486.

[24] O sistema não atribuía especial significado a valores fundamentais que hoje se consideram inerentes à dignidade da pessoa humana e o próprio preço da vida variava em função da idade, do sexo e da condição do criminoso (era mais valorizada a idade adulta do que a infância ou a velhice, o homem tinha mais valor do que a mulher e o valor atribuído ao homem-livre era superior ao do liberto e, bastante mais ainda, àquele que era atribuído ao escravo).

[25] Cf. Henriques Secco, *Da História do Direito Penal Portuguez*, cit., pp. 486 e 501.

À medida que o poder régio se vai estendendo a todo o território nacional, vão-se dissipando as formas de reacção criminal que se organizavam localmente até se atingir o monopólio punitivo do Estado. Durante esse processo, os monarcas procuram centralizar e unificar a produção normativa e diminuir a influência dos nobres, clérigos, senhores e ricos homens locais que utilizavam costumes instituídos para exercerem a *vindicta* privada e reforçarem o seu poderio social e económico.

Nesse contexto, logo nas primeiras leis gerais que, no reinado de D. Afonso II, emanaram da Cúria de Coimbra de 1211, são adoptadas medidas destinadas a limitar o exercício de actos de vingança à revelia dos ditames públicos e oficiais, bem como a abolir práticas confiscatórias abusivas. Foi o caso das leis que vieram abolir o costume de o Rei e as pessoas que tinham terras ou alcaidarias levarem a terça parte dos comestíveis que se vendiam, "ordenando que os mesmos fossem comprados pelo seu valor", bem como proibir "que os almoxarifes levem alguma coisa *daqueles a que acaeça prigoo no mar*" e determinar que "os cavaleiros, e quem tenha terras do rei, não tomem coisas dos vilãos sem que seja pago o preço justo"[26].

De qualquer forma, consolidada a autoridade do poder central, as receitas proporcionadas pela composição pecuniária dos crimes passam a representar fonte não despicienda de financiamento do rei e dos concelhos, pelo que se torna cada vez mais frequente a aplicação de sanções patrimoniais aos criminosos, nomeadamente multas, calúnias, peitas e coimas (quer como penas autónomas, quer em cumulação com outras sanções ou como penas substitutivas), bem como medidas de confisco (total ou parcial) de bens[27].

2.2. As Ordenações régias

O fortalecimento da autoridade régia e a afirmação do *ius puniendi* do Estado foram suportados, ao longo dos séculos XIII e XIV, por importantes esforços de recolha, produção e compilação de leis que, após os bons resultados de sistematização obtidos por instrumentos como o Livro de

[26] Cf. Martim e Ruy de Albuquerque, *História do Direito Português*, Vol. I (T. II), pp. 226 - 231.

[27] Cf. Eduardo Correia, «A evolução histórica das penas», *Boletim da Faculdade de Direito*, Vol. LIII, pp. 61 - 62.

Leis e Posturas e as Ordenações de D. Duarte, viriam a culminar com a promulgação, a partir do século XV, das Ordenações dos reis D. Afonso V, D. Manuel I e D. Filipe I de Portugal, as quais constituíram a base do direito português até ao século XIX.

2.2.1. As Ordenações Afonsinas

Nas Ordenações de D. Afonso V verifica-se uma redução do recurso às penas pecuniárias em relação ao período anterior. Ainda assim, o confisco dos bens daqueles que transgridem a lei continua a ser frequente, maioritariamente como sanção complementar de penas como a da morte, como acontecia, por exemplo, em relação a quem cometia crimes de lesa-majestade ou de "*treiçon cometida contra El Rey*"[28], a quem fabricava moeda falsa[29] ou a quem falsificava chancela ou selo real[30]. De todo o modo, casos havia também em que a perda de bens surgia como consequência única e autónoma de actos *contra legem*[31].

A perda de bens, por norma, dependia da condenação prévia do infractor, ainda que, em casos excepcionais, isso fosse dispensado. Assim, nos crimes de lesa-majestade em que se considerasse ser notório o malefício, os bens podiam ser confiscados logo que cometido o acto maléfico "*fem outra algüa fentença*"[32]. Situações havia também em que a perda de bens pelo infractor ficava "à mercê" de decisão do Rei, como ocorria quando um "*Official d'El Rey*" recebia subornos ou não guardava "*escripto*" das ofe-

[28] No Livro V, título 2.º, 12, estabelecia-se que o transgressor devia morrer *naturalmente de morte cruel* e que todos os bens *que ouver ao tempo da comdapnaçon* deviam ser confiscados.
[29] *[T]odo aqulle que falfa moeda fezer, ou der a ello favor, ajuda, e confelho, ou for dello fabedor, deve de morrer morte de fogo, e todos seus beës devem fer confifcados pera a Corôa do Regno* (Livro V, Título 5.º, § 4).
[30] *[T]odo aqulle que falfar noffo Signal ou Saello, mandamos que moira (...) e perca os beës pera a Corôa do Regno* (Livro V, título 32.º, 5).
[31] Assim, no caso de alguém se suicidar para evitar que sobre si incidisse a acção da justiça, estabelecia-se que todos os seus bens e herança ficassem a pertencer ao Rei (Livro V, título 79.º, 2). A perda de bens era também a única sanção que estava prevista para quem se casasse com mulher que estivesse em poder de seus pais, avós ou tutores, sem o consentimento destas pessoas (Livro V, título 13.º, 2).
[32] Livro V, título 2.º, 12.

rendas que lhe eram entregues[33]. Referência ainda para o facto de, muitas vezes, a perda de bens apenas poder ser decretada se o infractor não tivesse descendentes nem ascendentes, pois só nos casos mais graves é que a mesma ocorria "*não embargando que filhos lidimos aja, ou alguns acendentes*"[34]. Por outro lado, ainda que o mais normal fosse a reversão dos bens perdidos para a "Coroa do Regno", casos havia em que os bens eram atribuídos aos ofendidos e, somente se estes os não quisessem, para "El Rey"[35].

As Ordenações afonsinas previam também diversos casos em que devia haver a perda de objectos, como acontecia, com o ouro, prata, moedas, cavalos ou armas que, sem a autorização do Rei, alguém tirasse, mandasse tirar ou ajudasse a tirar do Reino[36] ou com o baraço ou a arma com que alguém se enforcasse ou, de outra forma, se suicidasse[37]. Para se desincentivar o fabrico de moeda falsa, também se previa a perda da casa ou do lugar onde a mesma fosse produzida se "razoavelmente se pudesse conjecturar" que o dono da casa ou do lugar, mesmo não sendo responsável pelo delito, "deveria, ou poderia ser sabedor" da actividade que lá se desenvolvia[38].

Se nos casos que se acabam de referir, havia, apesar de tudo, uma relação entre os objectos perdidos e o delito cometido, casos havia também em que o confisco de objectos tinha natureza infamante. Era o caso da

[33] Nestas situações, previa-se no L. V, Tít. 31.º, 9, que os prevaricadores (ouvidor, juiz, alcaide, meirinho, corregedor, ouvençal da raínha, rico homem ou qualquer outro indivíduo com poderes de "fazer justiça") perdessem o ofício ou honra que lhes estavam atribuídos e que *os feus corpos e averes* fossem colocados à disposição do Rei para este decidir o que bem entendesse quanto aos mesmos.

[34] Livro V, título 2.º, 12, relativamente ao crime de lesa-majestade.

[35] Os bens daquele que dormisse com mulher casada, bem como daquele que casasse com mulher sem o consentimento dos pais ou de outras pessoas que a tivessem sob o seu poder, deviam passar para aqueles *a que fez o torto* e *se os elles nom quiferem, aja-os El Rey* (Livro V, título 7.º, 2, e título 13.º, 2).

[36] Livro V, título 47.º, 3.

[37] Livro V, título 79.º, 2.

[38] A perda da casa, porém, não devia ocorrer se lá vivesse viúva ou pupilo menor de 14 anos que desconhecessem o crime (Livro V, título 5.º, § 5 e 6).

norma que determinava que aqueles que fossem encontrados a jogar "*percam as roupas que tiveres veftidas*"[39].

2.2.2. As Ordenações Manuelinas

As Ordenações Manuelinas, inserindo-se no esforço que, em época de expansão do Império e assinalável prosperidade económica, era feito para reorganizar a estrutura do Estado e da Fazenda Pública, procuraram, na área criminal, aperfeiçoar a sistematização legal e as fórmulas definidoras das infracções penais, bem como melhor regulamentar os procedimentos processuais. Neste novo corpo legislativo, as penas pecuniárias tornam-se mais frequentes[40] e, paralelamente, verifica-se um aumento das situações puníveis com o confisco, total ou parcial, dos bens dos infractores. Assim, a perda de bens continua a estar prevista para sancionar crimes como os de lesa-majestade[41], fabrico de moeda falsa[42] ou alcovitaria[43], mas, a par dos mesmos, passa a abranger outros crimes, como o de sodomia[44] ou o de falso testemunho[45].

Tal como anteriormente, a perda de bens surge, maioritariamente, como pena complementar de outras penas (principalmente, a morte

[39] Livro V, título 47.º, 8 e 12.

[40] Apesar de o furto deixar de ser punido – segundo tradição antiquíssima já plasmada no Código Visigótico e que ainda se mantinha nas Ordenações Afonsinas – com o anoveado (ou seja, nove vezes o valor da coisa furtada), para ser sancionado, em primeira linha, com a pena de morte (L. V, Tít. 37.º), a multa é muito vulgar, sendo fixada quer com valor fixo (Tít. 11.º, 2, 22.º, 26.º, 5, 34.º, 3), quer em função do valor do objecto do crime (dobro – Tít. 10.º, 4; tresdobro – Tít. 10.º, 4 *in fine*, Tít. 100.º; quatro dobro – Tít. 97.º; anoveado – Tít. 98.º, 1), quer, ainda, em função do valor dos bens do criminoso (Tít. 25.º).

[41] Livro V, título 3.º

[42] Livro V, título 6.º

[43] Livro V, título 29.º

[44] No Livro V, título 12.º, 1, prevê-se a morte e o confisco de todos os bens de qualquer indivíduo com cometa *pecado de fodomia*, quando nas anteriores Ordenações (Livro V, título 17.º) apenas se estabelecia que o mesmo *feja queimado, e feito per fogo em poo.*

[45] Enquanto nas Ordenações Afonsinas se estabelecia que aquele que prestasse falso testemunho fosse açoutado publicamente e mais lhe fosse cortada a língua (Livro V, título 37.º, 4), nas Ordenações de D. Manuel estatui-se que deve haver lugar à morte do infractor e à perda para a Coroa de todos os seus bens (Livro V, título 8.º).

e o degredo [46]), mas, por vezes, também é a única sanção prevista para punir determinados actos criminosos, como era o caso de quem recolhesse ou mantivesse em sua casa freira que se ausentasse do mosteiro [47] ou de quem incrustasse pedra falsa ou contrafeita em anel ou outra peça ornamental [48]. De igual forma, em certos crimes, como o de lesa majestade, de sodomia, de alcovitaria ou de prestação de falso testemunho, não havia qualquer restrição à perda de bens; mas, noutros, a perda de bens só devia ocorrer se quem cometesse a infracção não tivesse descendentes legítimos, nem ascendentes [49].

Quanto ao destino dos bens cuja perda era decretada, para além das normais situações de confisco para a Coroa da totalidade dos bens do criminoso, estabelece-se em variados casos, como forma de promover a denuncia dos delitos, a divisão dos bens entre o Rei e quem acusar o infractor. Assim, por exemplo, quem denunciasse casos de sodomia tinha direito a ficar com um terço da fazenda do "culpado" [50], ficando já com metade dos bens do autor do delito os denunciantes de ourives ou outras pessoas que colocassem em circulação pedras falsas ou contrafeitas [51], os denunciantes de *officiaes d'ElRey que recebem serviços, ou peitas* [52] ou os denunciantes de pessoas que contrabandeiam mercadorias para fora do Reino [53].

A maior atenção que, numa época de enorme crescimento do comércio, é dada aos delitos de natureza económica reflecte-se também, no aumento das sanções de perda de objectos que passam a estar previstas

[46] Como exemplo de cumulação do degredo com a perda total de bens, refira-se a punição que se previa para quem leve, venda ou mande vender *em Terra de Mouros* armas, pólvora, navios, madeira, artilharia, ferro ou qualquer outra coisa que os *infieis pofam aproueitar para auto de guerra* (Livro V, título 81.º, 1 e 2).

[47] Livro V, título 22.º, 3.

[48] Livro V, título 86.º

[49] Era, por exemplo, o que sucedia com quem utilizasse escrituras falsas (que, nos termos do estabelecido no Livro V, título 9.º, devia ser punido com degredo durante dez anos para Ceuta e com perda de bens *se defcendentes ou afcendentes lidimus nom teuer*).

[50] Livro V, título 12.º, 1.

[51] Livro V, título 86.º

[52] Livro V, título 56.º

[53] Livro V, título 88.º

nas Ordenações. É o que acontece, em acréscimo a outros casos já previstos anteriormente[54], com a perda dos cães ou das armadilhas daqueles que estejam a caçar perdizes, lebres ou coelhos[55], a perda de armas daqueles quem venham de Castela *pera malfazer com armas*[56], a perda das armas, pólvora, navios, madeira, artilharia, ferro ou qualquer outra coisa que fossem levadas para locais onde os mouros as pudessem aproveitar para a prática de actos de guerra[57], a perda dos navios onde fossem transportados mouros ou cristãos-novos para fora do Reino[58], a perda de cavalos, rocins, éguas e armas que sejam transportadas, sem autorização, para fora do Reino[59], a perda da embarcação onde sejam transportados bens não autorizados para a Guiné[60] ou a perda de escravos ou coisas que sejam trazidas de Cabo Verde ou de outras ilhas atlânticas[61].

2.2.3. As Ordenações Filipinas

Elaboradas durante o primeiro reinado do domínio castelhano de Portugal, mas só impressas e aplicadas quando D. Filipe II já herdara o trono do seu pai, as Ordenações Filipinas mantiveram-se em vigor mesmo após a restauração da independência em 1640[62] e, até à aprovação dos códigos da monarquia constitucional no século XIX, constituíram o corpo legislativo fundamental do nosso país.

Pouco originais, mantiveram a estrutura das Ordenações Manuelinas, bem como a maior parte das suas soluções. Especificamente no campo do confisco de bens, poucas novidades introduziram, pois continuaram a ser sancionadas com a perda de bens a generalidade das infracções

[54] *Vide* Livro V, título 6.º, 2, onde se prevê a perda da casa onde é feita moeda falsa.
[55] Livro V, título 84.º, 1.
[56] Livro V, título 78.º
[57] Livro V, título 81.º, 1 e 2.
[58] Livro V, título 82.º, 3.
[59] Livro V, título 88.º, 6.
[60] Livro V, título 112.º, 18.
[61] Livro V, título 112.º, 25, e título 113.º
[62] D. João IV, através do Alvará de 29 de Janeiro de 1643, declarou *[r]evalidar, confirmar, promulgar, e de novo ordenar, e mandar que os ditos cinco Livros das Ordenações, se cumpram e guardem, como se até ao presente praticaram, e observaram, como se por mim novamente foram feitas, e ordenadas, promulgadas, e estabelecidas....*

que já anteriormente importavam tal consequência. Era o que sucedia, entre outros, com os delitos de heresia [63], participação em rixa no Paço, na Corte ou na presença do Rei [64], feitura ou uso de escrituras falsas [65], falso testemunho [66], incrustação de pedras falsas ou contrafeitas [67], corrupção [68], detenção para venda de drogas por quem não for boticário [69] ou transporte de prata, ouro ou moedas para fora do Reino [70]. Ainda assim, fruto de uma maior exaustividade ao nível da regulação de determinadas situações, a perda de bens também ficou prevista em alguns novos preceitos, como aconteceu quando se passou a prever a perda da Fazenda "dos que tomam insignias de armas e dom ou apelidos que lhes não pertencem" [71], ou quando se passou a prever que o sancionamento com morte e perda de bens daqueles que cometem *peccado da sodomia* se estendesse às "*mulheres, que humas com as outras, commettem pecado contra natura*" [72].

A perda de bens continua, a maior parte das vezes, a surgir como pena complementar da pena de morte ou de degredo e a depender de condenação prévia do infractor, mas, tal como acontecia anteriormente, casos há em que aparece, igualmente, como pena principal [73], podendo também, excepcionalmente, ocorrer sem necessidade de condenação, designadamente em casos notórios de delito de lesa-majestade [74]. Da mesma forma, em certas infracções, a perda de bens apenas tem lugar se o "Réo" não tiver ascendentes nem descendentes legítimos [75].

[63] Livro V, título 2.º
[64] Livro V, título 39.º
[65] Livro V, título 53.º
[66] Livro V, título 54.º
[67] Livro V, título 56.º
[68] Livro V, título 71.º
[69] Livro V, título 89.º
[70] Livro V, título 113.º
[71] Livro V, título 92.º
[72] Livro V, título 13.º, 1.
[73] É o que sucede, por exemplo, no crime "do que dorme com a mulher que anda no Paço" (Livro V, título 16.º) ou "dos que falsificam sinal ou selo do Rei" (Livro V, título 52.º).
[74] Livro V, título 6.º, 10.
[75] Assim acontecia, entre outros casos, relativamente à punição de quem falsificasse "sinal ou selo do Rei" (Livro V, título 52.º), ou de quem fizesse uso de escritura falsa (Livro V, título 53.º, 2).

Quanto à perda de objectos relacionados com os delitos, a mesma continua a estar prevista para sancionar diversas infracções, algumas já anteriormente previstas [76], mas outras também que apenas surgem nas novas Ordenações. Era o caso da perda do pão comprado para revenda ou por quem *compre mais pão do que para despesa de sua caza e família lhe fôr necessário* [77]; também aí se incluía a perda dos escravos pertencentes a quem, tendo-os, não os faça baptizar[78].

Finalmente, refira-se que, para se estimular a denúncia de algumas infracções, continua a ser utilizada a solução já adoptada nas anteriores Ordenações de, por vezes, se entregar ao denunciante uma parte dos bens objecto de confisco [79].

2.3. O Iluminismo e as constituições liberais

Com o florescimento por toda a Europa, durante o século XVIII, das ideias iluministas, surgiu uma larga reacção contra a barbaridade e a desproporcionalidade das penas instituídas na legislação criminal da época e a desigualdade e a arbitrariedade da forma como as mesmas eram aplicadas, gerando-se um movimento intelectual que propugnava a reforma profunda do sistema penal, do qual o marquês de Beccaria foi, talvez, o seu mais legítimo representante.

Preconizando uma sociedade mais racional e humana, os pensadores iluministas insurgem-se contra a superstição, os preconceitos e o despotismo e defendem a primazia da legalidade e o respeito pelos direitos individuais, incluindo entre as suas propostas reformistas a proibição do confisco de bens, medida sancionatória associada a frequentes abusos de autoridade e que, para além de propiciar ataques inadmissíveis à proprie-

[76] Assim, continua a estar prevista a perda das armadilhas de caça (Livro V, título 88.º), bem como a perda de armas dos que *de fora destes Reinos venhão a elles com assuada, ou per outra maneira, para mal fazerem com armas* (Livro V, título 46.º).

[77] Livro V, título 76.º, 3.

[78] Livro V, título 99.º

[79] Era o caso de metade do pão confiscado por ter sido comprado para revenda, ou de metade dos bens daquele que recolhesse em sua casa freira que se ausentasse de mosteiro, que, segundo o estipulado, deviam reverter para quem "acusasse" o infractor (Livro V, título 76.º, 3, e título 15.º, 3).

dade privada, era considerada incompatível com o carácter pessoal das penas[80].

Portugal não ficou à margem da influência dos ventos de mudança que se espalhavam por todo o mundo ocidental e, no reinado de D. Maria, foi criada uma comissão para reformular a legislação do país. Incumbido de preparar a reestruturação do Direito Público e do Direito Criminal, Pascoal de Mello Freire apresentou, em 1783, o projecto de um novo Código Penal no qual se mostram acolhidos alguns dos princípios que se iam afirmando nesse período, nomeadamente ao nível da restrição dos castigos físicos e das penas infamantes. O princípio da intransmissibilidade das penas é também afirmado no Código elaborado por Mello Freire[81] e, como corolário do mesmo, consagra-se a proibição do confisco dos bens do condenado à morte que tenha descendentes ou outros parentes próximos: "*Ainda que o criminoso condemnado à morte perca os seus bens, não lhe serão com tudo tomados e confiscados, tendo descendentes em qualquer grao, ou transversaes dentro do terceiro*"[82].

O Código Criminal projectado por Pascoal de Mello Freire, porém, nunca chegou a entrar em vigor, mantendo-se a aplicação das Ordenações Filipinas, mesmo após a revolução liberal de 24 de Agosto de 1820.

Não obstante, com a vitória dos ideais revolucionários, ganhou ainda mais força a crítica que vinha sendo feita ao sistema penal tradicional, aos seus privilégios e imunidades, aos abusos punitivos que o mesmo propiciava e à desumanidade e à falta de adequação de muitas das suas penas em relação à gravidade dos delitos. Por isso, concluídos que foram os trabalhos das Cortes Constituintes que haviam sido convocadas após a revolução de 1820, ficou estabelecido logo no Capítulo único do Título

[80] Beccaria, especificamente quanto ao tema do confisco de bens, escreveu: "[a]s confiscações põem a preço a cabeça dos fracos, fazem sofrer aos inocentes a pena do réu, e põem os próprios inocentes na desesperada necessidade de cometer os delitos." – *Dos Delitos e das Penas*, p. 112.

[81] No § 35.º do Título IV, consigna-se: *Não respondem os herdeiros pelos delictos do defunto; devem porém reparar o damno que elle fez, dentro das forças da herança. Porque simelhante reparação é mais um officio natural, que tende a dar a cada um o que é seu, do que verdadeira pena.*

[82] Título IV, § 11.º

I da primeira Constituição do nosso país (aprovada em 4 de Novembro de 1822) que:

> *(Artigo 10.º) – Nenhuma lei, e muito menos a penal, será estabelecida sem absoluta necessidade.*
>
> *(Artigo 11.º) – Toda a pena deve ser proporcionada ao delito; e nenhuma passará da pessoa do delinquente. Fica abolida a tortura, a confiscação de bens, a infâmia, os açoites, o baraço e pregão, a marca de ferro quente, e todas as mais penas cruéis ou infamantes.*

Apesar das lutas que, ao longo do século XIX, se travaram entre os liberais constitucionalistas e os absolutistas sobre a sucessão real, não mais houve retrocesso quanto à proibição do confisco de bens e à abolição das penas físicas cruéis [83], princípios que ficaram plasmados, não só durante os quatro anos de vigência da Constituição de 1838 [84], como também na Carta Constitucional de 1826 [85], em cujo artigo 145.º se podia ler:

> *§ 18.º – Desde já ficam abolidos os açoites, a tortura, a marca de ferro quente, e todas as mais penas cruéis.*
>
> *§ 19.º – Nenhuma pena passará da pessoa do delinquente. Portanto não haverá em caso algum confiscação de bens, nem a infâmia do Réu se transmitirá aos parentes em qualquer grau que seja.*

[83] Não se incluindo aqui, porém, a pena de morte, a qual apenas viria a ser abolida: para crimes políticos, em 1852 (artigo 16.º do Acto Adicional à Carta Constitucional de 5 de Julho de 1852); para crimes civis, excepto por traição durante a guerra, em 1867 (Carta de Lei de 1 de Julho de 1867); nas províncias ultramarinas, em 1870 (Decreto do Presidente do Conselho de Ministros de 9 de Junho de 1870); para crimes militares, em 1911 (artigo 3.º, § 22.º, da Constituição de 1911. Posteriormente, a pena de morte viria ainda a ser readmitida em 1916, somente para crime de traição em tempo de guerra (Lei n.º 635, de 28 de Setembro de 1916), sendo definitivamente abolida em 1976 (artigo 25.º, n.º 2, da CRP de 1976).

[84] Depois de no artigo 21.º desta Constituição se consignar que *[f]icam proibidos os açoutes, a tortura, a marca da ferro e todas as mais penas e tratos cruéis*, estabeleceu-se, no artigo 22.º, que: *[n]enhuma pena passará da pessoa do delinquente; não haverá em caso algum, confiscação de bens, nem a infâmia dos réus se transmitirá aos parentes.*

[85] Segundo texto constitucional português, que esteve em vigor durante 72 anos, distribuídos por três períodos: de Abril de 1826 até Maio de 1828; desde Agosto de 1834 até Setembro de 1836; de Janeiro de 1842 até à implantação da República, em Outubro de 1910.

2.4. A codificação penal do século XIX

2.4.1. O Código Penal de 1852

Com a pacificação social que se logrou alcançar, após o período conturbado das guerras liberais, reuniram-se condições para que, finalmente, fosse cumprido o objectivo de reformar a legislação penal [86]. Assim, na sequência dos trabalhos que vinham sendo desenvolvidos desde a década de 1840, viria a ser aprovado, em 10 de Dezembro de 1852, o primeiro Código Penal português [87], o qual veio alterar de forma bastante profunda o sistema punitivo do nosso país [88].

No que diz respeito à matéria da perda a favor do Estado de bens pertencentes a agentes do crime ou relacionados com crimes que tenham sido cometidos, ficou estabelecido no artigo 64.º do CP/1852 o seguinte:

> *(Artigo 64.º) – A perda a favor do Estado do objecto, ou producto do crime e das armas com que foi commettido, ou que eram destinadas para esse fim, tem logar nos casos em que, ou o ofendido, ou algum terceiro, não responsável pelo crime, não tenha direito à restituição.*
>
> *– & unico. A perda de quaisquer outros instrumentos do crime tem logar:*
>
> *1.º Quando for prohibido o seu uso, ou conservação;*
>
> *2.º Quando a Lei expressamente o determinar.*

[86] O desiderato de reformar por completo a legislação civil e penal esteve sempre na primeira linha das preocupações nos primeiros tempos da monarquia constitucional, tendo, logo em 1926, ficado expresso no § 17.º do artigo 145.º da Carta Constitucional o princípio programático: "*Organizar-se-á, quanto antes, um Código Civil e Criminal, fundado nas sólidas bases da Justiça e Equidade.*".

[87] A aprovação do Código pelo Decreto com força de Lei de 10 de Dezembro de 1852, porém, só viria a ser ratificada pelas Cortes através da Lei de 1 de Junho de 1853 (*Diário do Governo*, n.º 128).

[88] Em termos sistemáticos, o Código Penal de 1852 distribui as matérias por uma parte geral e uma parte especial e, no que diz respeito à incriminação, estabelece que *nenhum facto, ou consista em acção, ou em omissão, póde julgar-se criminoso, sem que uma Lei anterior o qualifique como tal* (artigo 5.º), mais proibindo a analogia e a interpretação extensiva (artigo 18.º). As penas passam a ser também apenas aquelas que estão expressamente previstas no código, sendo as penas corporais substituídas, fundamentalmente, pela prisão, que passa a ser a sanção criminal mais normal.

Prevendo este normativo a possibilidade de, em alguns casos, o Estado ficar com a titularidade de bens pertencentes ao responsável pelo crime, pode parecer que o mesmo era incompatível com a proibição constitucional do confisco de bens do delinquente. Todavia, como decorre até do facto de o artigo 64.º ser incluído no Capítulo II do Título II do novo código referente aos «efeitos das penas» (e não no Capítulo I antecedente, que versava sobre «as penas»), entendia-se que a proibição constitucional visava o confisco enquanto pena, ou seja, o sancionamento do agente do crime com a reversão para o Estado da totalidade ou de parte do seu património, não se incluindo aí o chamado "confisco especial"[89], ou seja, a reversão para o Estado de determinados bens que, independentemente de pertencerem ou não ao responsável pelo crime, têm uma conexão concreta com a infracção criminal. Podia, por isso, haver lugar à perda a favor do Estado tanto dos objectos obtidos directamente através de práticas criminosas (*quaesita sceleris*), como dos objectos criados, fabricados ou produzidos através de tais práticas (*producta sceleris*) e, ainda, dos objectos ou armas que fossem utilizados para cometer crimes (*instrumenta sceleris*).

A inserção sistemática do preceito e a redacção legal adoptada denunciavam, com clareza, que a perda de bens não estava concebida como uma pena aplicável para sancionar a prática de crimes, mas, sim, como um «efeito da pena», mais não se tratando do que uma consequência legalmente estabelecida para impedir que os objectos, os produtos ou os instrumentos do crime fiquem na posse de quem participou no crime ou de quem não tem direito a ficar com eles. De resto, reforçando não estarmos perante uma pena principal, mas uma consequência jurídica do crime, resultava do artigo 67.º do novo Código Penal que a perda de bens, tal como todos os demais *effeitos das penas*[90], operava "[e]m virtude da lei, independentemente de declaração alguma na sentença condemnatória.".

[89] *Vide* Manuel Cavaleiro de Ferreira, *Direito Penal Português*, 2.º Vol., pp. 335 – 336.

[90] Para além da perda de bens, diversos outros efeitos podiam decorrer da aplicação de determinadas penas, como acontecia com a perda pelo condenado à morte da propriedade dos seus bens (que, imediatamente, passavam para os seus sucessores legítimos), da perda pelo condenado a pena maior perpétua dos seus direitos políticos e da administração dos seus bens ou, no caso da prática de outros crimes, da suspensão ou da perda

De qualquer modo, como resultava do estatuído no artigo 64.º do CP/1852, a perda a favor do Estado de objectos, produtos ou instrumentos do crime tinha um carácter vincadamente subsidiário, pois, antes de mais, os mesmos deviam ser restituídos ao ofendido ou a um terceiro (desde que não responsável pelo crime) que a eles tivesse direito, apenas devendo reverter para o Estado caso não houvesse a quem os entregar. Seria esse o caso de não se identificar pessoa com direito bastante sobre os bens ou, então, de o respectivo dono não possuir autorização para os deter ou usar, podendo também acontecer estarem em causa bens específicos cuja perda era expressamente determinada pela lei[91].

O Código Penal de 1852, num tempo de profundas alterações sociais e de assinalável reflexão intelectual sobre os pressupostos do Direito Penal e da Ciência Criminal, foi sujeito a bastantes reformas[92] e, volvidos trinta e quatro anos, acabou por ser substituído por um novo Código, promulgado por lei de 16 de Setembro de 1886.

2.4.2. O Código Penal de 1886

Mesmo sem apresentar avanços conceptuais relevantes em relação ao texto reformado do código anterior[93], o Código Penal aprovado em 1886 viria a vigorar durante quase cem anos, período durante o qual se verifi-

pelo condenado do exercício de outros direitos políticos e civis ou da perda ou suspensão do exercício do respectivo emprego, bem como da possibilidade de sujeição de certos condenados à "especial vigilância da polícia" – cf. artigos 52.º a 63.º, do CP/1852.

[91] Como exemplo de um destes casos, refira-se o artigo 116.º do Decreto e Regulamento de 18 de Setembro de 1874 (*Diário do Governo* n.º 212): "As pessoas, que sem a competente autorisação, devidamente sellada, venderem estampilhas ou papel selado, incorrem na pena da perda das estampilhas ou papel selado que lhes for achado, e no pagamento de uma muleta de 10.000 a 100.000 réis".

[92] Das quais as mais significativas foram a reforma operada pela Lei de 1 de Julho de 1867 e a reforma penal aprovada e promulgada por Carta de 14 de Junho de 1884.

[93] Eduardo Correia observa que o sistema do Código Penal de 1886 "[e]ra, fundamentalmente e sobretudo na parte especial, o do Código de 52" e que, na Parte Geral, seguia o quadro legal que, designadamente quanto aos fins das penas, havia resultado da reforma penal de 1884, continuando a ser "[c]onstruído essencialmente sobre o facto", ainda que sendo possível já interpretar várias das suas disposições "[c]omo revelando uma referência da pena à personalidade do delinquente" – *Direito Criminal*, Vol. I, pp. 113 - 114.

caram importantes alterações da ordem jurídico-constitucional do nosso país, como foram aquelas que resultaram da implantação da República em 5 de Outubro de 1910 (com a subsequente aprovação, em 21 de Agosto de 1911, da primeira Constituição Política da República Portuguesa[94]), da transição, após o movimento de 28 de Maio de 1826, para o Estado Novo (que culminou com a entrada em vigor, em 11 de Abril de 1933, de uma nova Constituição[95]) e da revolução de 25 de Abril de 1974 (na sequência da qual, em 25 de Abril de 1976, passou a vigorar aquela que, ainda que já sujeita a sete revisões, é a actual Constituição da República Portuguesa).

Apesar de muitas das disposições do Código Penal de 1886 terem sido revogadas e alteradas ao longo do tempo, o mesmo não aconteceu quanto ao artigo que passou a regular a matéria da perda a favor do Estado de bens relacionados com o crime. Tratava-se do artigo 75.º, o qual manteve sempre a seguinte redacção:

> *(Artigo 75.º) – O réo definitivamente condenado, qualquer que seja a pena, incorre:*
>
> *1.º – Na perda, a favor do Estado, dos instrumentos do crime, não tendo o ofendido, ou terceira pessoa, direito à sua restituição;*
>
> *2.º – Na obrigação de restituir ao ofendido as coisas de que pelo crime o tiver privado, ou de pagar-lhe o seu valor legalmente verificado, se a restituição não fôr possivel, e o ofendido ou os seus herdeiros requererem esse pagamento;*
>
> *3.º – Na obrigação de indemnizar o ofendido do dano causado, e o ofendido ou os seus herdeiros requeiram a indemnização;*
>
> *4.º – Na obrigação de pagar as custas do processo e as despesas de expiação.*

Este normativo, para além de estar integrado, a exemplo do que acontecia com o artigo 64.º do CP/1852, no Capítulo II do Título II referente aos "efeitos das penas", não introduzia também alterações de realce em relação ao regime pretérito, pois, no essencial, continuava a reger-se pelo

[94] Publicada no *Diário do Governo* n.º 195/1911, Série I, de 22 de Agosto de1911.

[95] Cujo texto foi publicado em suplemento ao *Diário do Governo*, de 22-02-1933 e objecto de plebiscito em 19 de Março do mesmo ano, entrando em vigor na sequência da publicação, no *Diário do Governo*, de 11-04-1933, da acta de apuramento final dos resultados desse plebiscito.

princípio de que a autoridade pública não podia punir os infractores com a perda, total ou parcial, dos respectivos bens, apenas sendo possível que, em casos marcadamente excepcionais, revertessem para o Estado determinados bens que estivessem relacionados com eventos criminais e que não devessem ser restituídos ao ofendido ou a terceiros. Isso era, de resto, uma decorrência da proibição do confisco, comando constitucional que, estando já estatuído na Carta Constitucional monárquica, continuou, após a instauração da República, a estar consagrado nos textos das constituições de 1911[96] e de 1933[97].

Ainda assim, o texto do artigo 75.º do CP/1886 era ligeiramente mais restritivo do que o do artigo correspondente do CP/1852, conforme se evidenciava por algumas diferenças essenciais.

Em primeiro lugar, o texto legal deixa de aludir à perda dos produtos do crime, o que, sem dúvida, assinala o propósito de limitar as possibilidades de o Estado ficar com a titularidade de bens de terceiros, afastando o princípio geral anterior que determinava a perda de tudo aquilo que fosse criado, fabricado ou produzido através de um crime. Não obstante, não fica vedada a possibilidade de, em casos expressamente previstos na lei, poder ser decretada a perda para o Estado de produtos resultantes de práticas criminosas, conforme, aliás, ficou previsto em alguns preceitos do próprio Código Penal[98] e, também, foi estabelecido em diversa legislação avulsa[99].

[96] *Nenhuma pena passará da pessoa do delinquente. Portanto não haverá em caso algum confiscação de bens, nem a infâmia do Réu se transmitirá aos parentes em qualquer grau que seja.* – Artigo 3.º, § 23.º da Constituição de 1911.

[97] O artigo 8.º da Constituição de 1933 estabelecia, no seu § 12.º, constituir direitos e garantias individuais dos cidadãos portugueses *[n]ão haver confisco de bens, nem transmissão de qualquer pena da pessoa do delinquente.*

[98] Assim, entre o mais, previa-se no Código Penal de 1886 a perda a favor do Estado das armas fabricadas sem licença de autoridade administrativa (artigo 253.º, § 5.º), das mercadorias falsificadas ou que tivessem sido adulteradas no peso ou no volume que ainda pertencessem ao vendedor (artigo 456.º, § 4.º) e dos exemplares de obra contrafeita (artigo 457.º).

[99] A título exemplificativo, podem ser referidos os artigos 219.º e 228.º, al. d), do Decreto 30679, de 24 de Agosto de 1940 – que previam a apreensão (com carácter definitivo) dos objectos fabricados, vendidos ou importados que, devendo ter marca obrigatória, a não tivessem, bem como das marcas, dos desenhos ou dos modelos contrafeitos ou imitados

Outra diferença resultava do facto de o artigo 75.º do CP/1886 ter deixado de especificar que a perda dos instrumentos do crime se aplicava tanto em relação àqueles que foram utilizados para o cometimento do crime, como àqueles que a tal se destinavam. Tal alteração em relação àquilo que estava previsto no artigo 64.º do CP/1852 não era, obviamente, inócua, pois, mesmo não impedindo, tornava extremamente difícil o acolhimento de interpretações mais amplas que admitissem a extensão da perda a instrumentos destinados à prática de crimes cuja execução, porém, nunca passou da fase dos actos preparatórios ou da tentativa não punível.

Também no que diz respeito aos objectos do crime havia diferenças, pois o novo texto legal apenas alude à restituição ao ofendido das coisas de que ele tiver sido privado, não mencionando já, diferentemente do que sucedia anteriormente (e continuava a suceder quanto aos instrumentos do crime), a possibilidade da sua perda a favor do Estado caso não haja pessoa com direito à restituição. Tal reflecte a perspectiva de que, quando estão em causa os objectos do crime, inexiste qualquer escopo preventivo que justifique a sua reversão para o Estado, apenas havendo que assegurar a reposição da legalidade. De todo o modo, isso não afastava que, conforme foi estabelecido em legislação especial, o Estado pudesse ficar com a titularidade dos bens cuja restituição não lograsse efectuar e que, entretanto, não viessem a ser reclamados por quem de direito[100].

–, o artigo 6.º do Decreto 41204, de 24 de Junho de 1957 – que estabelecia a perda a favor do Estado dos produtos ou mercadorias que constituíssem objecto de infracções antieconómicas de açambarcamento, ou de infracções contra a saúde pública relacionadas com o abate clandestino de animais ou com a falsificação de géneros alimentícios e a circulação, armazenamento e venda de géneros alimentícios falsificados – e, também, as normas que previam a perda do peixe objecto de contravenção ao estatuído no DL n.º 44.624, de 10 de Outubro de 1962 (artigo 83.º, § 3.º, deste diploma, com a redacção do DL n.º 312/70, de 6 de Julho de1970) e a perda dos produtos da caça efectuada em contravenção ao disposto nos artigos 210.º a 215.º, 218.º, 227.º, 228.º e 229.º, al. g), do Decreto n.º 47.847, de 14 de Agosto de 1967.

[100] Assim, o artigo 14.º, § 1.º, do Decreto n.º 12.487, de 14 de Outubro de 1926, estabelecia que "[t]odos os objectos e quantias não reclamadas pelas partes, no prazo de três meses após o trânsito em julgado das decisões finais proferidas nos respectivos processos, prescreverão a favor da Fazenda Pública e o seu produto dará entrada na Caixa Geral de Depósitos".

Referência ainda para o facto de, face à redacção do artigo 75.º do CP/1886, ter ficado claro que os objectos do crime de que o "réo definitivamente condenado" deve ser privado são apenas os que foram directamente obtidos através da prática criminosa e já não quaisquer outros bens que o agente do crime tenha obtido mediante a utilização daqueles. Na verdade, ainda que se pudesse conceber a possibilidade de, quando o criminoso houvesse vendido ou trocado bens do ofendido por outros objectos, se atribuir ao ofendido esses outros objectos, o ponto 2.º do artigo 75.º não conferia qualquer margem para que tal acontecesse, pois apenas admitia a entrega ao ofendido dos objectos de que ele tinha sido privado[101].

Significante era também o facto de o ponto 2.º do artigo 75.º do CP/1886 apenas prever a reparação do lesado mediante a restituição das coisas de que foi privado ou, se isso não for possível, mediante o pagamento do valor das mesmas, nada referindo já quanto à possibilidade de tais bens reverterem para o Estado. É que, justamente por não estar prevista esta possibilidade, perante situações em que a restituição não fosse possível e se desse o caso de o ofendido ou os seus herdeiros não requererem qualquer pagamento, nada podia ser feito - por falta de base legal - para se obstar a que o agente do crime beneficiasse da acção ilícita, como, por exemplo, podia acontecer se fosse possível ao Estado promover que, nessas situações, o criminoso fosse condenado a entregar à Fazenda Pública o valor do incremento patrimonial que obteve.

Todo o sistema legal estava construído sob a perspectiva da tutela dos direitos e liberdades individuais e da protecção do cidadão face aos abusos do poder e, nesse contexto, a temática da perda a favor do Estado das vantagens obtidas pelo crime não havia ainda merecido particular atenção dos estudiosos. O confisco patrimonial era proibido pela Cons-

[101] Nesse sentido, *vide* o Ac. STJ de 1 de Julho de 1966 (*BMJ*, 158, p. 163), bem como o Ac. RL de 7-12-1967 (*RJR*, 5, p. 866), em cujo sumário pode ler-se: "Os instrumentos do crime que, pelo n.º 1 do art. 75.º do Código Penal, devem ser julgados perdidos a favor do Estado, não abrangem os objectos comprados com o dinheiro obtido com fraude, ou seja, pela realização do crime. Mas, como o n.º 2 do mesmo art. 75.º se opõe a que esses objectos sejam entregues ao ofendido, terão eles que ser restituídos ao réu, a quem foram apreendidos, sem prejuízo de poderem vir a ser executados por quem nisso tiver interesse".

tituição e as normas penais curavam, acima de tudo, de impedir que o Estado se apropriasse de bens não relacionados com os crimes cometidos e, mesmo quando havia essa conexão, a perda de bens tinha sempre um carácter residual, pois apenas podia ocorrer na medida do necessário para repor a estrita legalidade afectada pelo crime e assegurar desideratos preventivos basilares. Não obstante, podiam-se já surpreender no Código Penal de 1886 alguns preceitos que, em casos bastante específicos, admitiam a perda para o Estado de ganhos patrimoniais alcançados na sequência da prática de crimes, como acontecia com a perda daquilo que fosse recebido por quem, devido a suborno, prestasse falso testemunho (artigo 240.º, § 1.º), com a perda das coisas ou do valor das coisas recebidas por funcionários, árbitros, peritos, juízes e jurados ou outros servidores públicos que se deixassem corromper (artigo 323.º), ou com a perda das receitas dos espectáculos teatrais ou musicais que fossem realizados com violação de leis ou regulamentos relativos à propriedade de autores (artigo 458.º).

2.5. O fim da proibição do confisco

Ao longo da segunda metade do século XX, paulatinamente, o confisco começou a ser encarado de uma forma diferente daquela que havia levado os pensadores iluministas, ante os abusos perpetrados pelos Estados absolutistas, a preconizar a sua proibição. Assim, na França, depois de, durante a segunda guerra mundial, ter sido autorizada a aplicação do confisco para sancionar a prática de crimes contra a segurança externa do Estado, veio também a admitir-se a utilização do confisco para, no âmbito dos esforços de recuperação económica e social do pós-guerra, combater a prática de certas infracções antieconómicas. Para se conciliar, porém, a sanção com o carácter pessoal das penas, jamais se admitia o confisco total do património do infractor e exigia-se que o confisco não abrangesse os bens necessários para saldar as dívidas do infractor para com terceiros, bem como que fossem respeitados os direitos do cônjuge sobre o património comum e os direitos dos herdeiros legitimários[102].

[102] Cf. Manuel Cavaleiro de Ferreira, *Direito Penal Português*, cit, p. 336.

A possibilidade de, em casos específicos, serem adoptadas medidas de cariz confiscatório, ainda que motivada por finalidades económico-sociais, contribuiu para que, gradualmente, se começasse a perceber que o sancionamento dos responsáveis pelo crime com a perda do património resultante da actividade delituosa seria factor decisivo para a dissuasão da criminalidade. Nessa sequência, foi surgindo um número crescente de reflexões e estudos tendentes ao aperfeiçoamento das normas relativas à perda de bens por motivos criminais existentes em diversas legislações nacionais, bem como ao alargamento do seu âmbito de aplicação. Foi o caso, entre nós, do trabalho pioneiro desenvolvido por EDUARDO CORREIA cujos resultados foram plasmados no projecto de alteração da Parte Geral do Código Penal que este professor, por incumbência do governo português, apresentou em 1963 e no qual já se previa a possibilidade de o Estado ficar investido, não só da titularidade *«[d]os objectos que serviram ou estavam destinados a servir para cometer um crime ou que por eles foram produzidos»*, como também de *«[o] preço que serviu ou devia servir para recompensar o autor de um crime»* e, ainda, de *«[a]queles objectos, direitos ou vantagens que, através do crime e directamente foram adquiridos pelos seus agentes»*[103].

As modificações legislativas propostas por EDUARDO CORREIA, apesar de terem sido objecto de cuidada discussão na Comissão Revisora do Código Penal, não avançaram desde logo, mas após as diversas revisões a que, durante quase duas décadas, foram sujeitas as normas dos projectos de reforma da Parte Geral e da Parte Especial do Código Penal, acabaram por ser a base fundamental do novo regime de perda a favor do Estado de bens relacionados com o crime que viria a ficar consagrado quando, em 1982, foi finalmente aprovado o novo Código Penal. Antes disso, contudo, em consonância com as novas perspectivas que, um pouco por todo o mundo ocidental, se estavam a impor, desapareceu da nossa ordem jurídica a proibição constitucional do confisco de bens.

[103] Relativamente ao projecto de alteração da Parte Geral do Código Penal subscrito por EDUARDO CORREIA e ao debate que sobre o mesmo foi desenvolvido, muito especialmente a propósito da redacção dos três artigos (102.º, 103.º e 104.º) que aí versavam sobre a matéria da perda a favor do Estado de bens relacionados com o crime, *vide* «Actas das Sessões da Comissão Revisora do Código Penal. Parte Geral», Vol. I e II, pp. 197 – 210.

O fim da proibição do confisco ocorreu quando, em 25 de Abril de 1976, entrou em vigor a actual Constituição da República Portuguesa[104] e não pode ser desligado da visão socializante que, após a Revolução de 25 de Abril de 1974, havia sobre a organização económica do Estado nos meios políticos dominantes[105]. Todavia, essa importante alteração teve a virtualidade de libertar algumas amarras que limitavam as possibilidades de extensão do instituto da perda de bens a novas realidades. As potencialidades político-criminais da perda de bens começavam a ser reconhecidas, não tendo sido por acaso que, simultaneamente com a supressão do preceito que proibia o confisco, tivesse surgido no texto original da nova Constituição da República Portuguesa uma norma (artigo 88.º, n.º 2), que, sem prejuízo de ter sido pensada especificamente para reforçar o combate contra as actividades que, na altura, eram consideradas especialmente lesivas da economia nacional[106], estabelecia: "*[a]s sanções poderão incluir, como efeito da pena, a perda dos bens, directa ou indirectamente obtidos com a actividade criminosa, e sem que ao infractor caiba qualquer indemnização*".

[104] O decreto de aprovação da nova Constituição, assinado pelo Presidente da Assembleia Constituinte e promulgado pelo Presidente da República, foi publicado no Diário da República n.º 86/1976, Série I, de 10 de Abril.

[105] Nesse sentido, Cavaleiro Ferreira defendia que o fim da proibição do confisco "[d]everá encontrar-se sobretudo na intenção de usar da confiscação como meio de modificar revolucionariamente a estrutura económica da sociedade, mas não a de permitir o seu uso como pena criminal" – *Direito Penal Português*, cit., p. 336.

[106] Possuindo, assim, um lastro ideológico-programático que levaria a que, aquando da segunda revisão da Constituição, viesse a ser eliminada do texto constitucional – cf. artigo 59.º da Lei Constitucional n.º 1/89, de 8 de Julho.

3.
A perda de bens no Código Penal de 1982

3.1. O regime aprovado pelo Decreto-Lei n.º 400/82, de 23 de Setembro

3.1.1. A perda dos instrumentos e dos produtos do crime

Em 1 de Janeiro de 1983, com a entrada em vigor do novo Código Penal, aprovado pelo DL n.º 400/82, de 23-09, foi finalmente alterado o regime legal que, desde 1886, disciplinava a perda a favor do Estado de bens relacionados com o crime.

Concentrado no Título VII do Livro I (Parte Geral) do Código Penal que então iniciou a sua vigência, o novo regime, sob a epígrafe «*Da perda de coisas ou direitos relacionados com o crime*», ficou a constar dos artigos 107.º, 108.º, 109.º e 110.º desse diploma, marcadamente inspirados na sua redacção pelos textos revistos do Projecto de Reforma do Código Penal elaborado na década de 1960 por Eduardo Correia.

No artigo 107.º do CP/82[107] ficou prevista a perda a favor do Estado de dois tipos de bens: os *instrumentos do crime*, ou seja, segundo a terminologia legal, "[o]s objectos que sirvam ou estavam destinados a servir para a

[107] A redacção deste artigo era a seguinte:
ARTIGO 107.º (Perda)
1 – Serão declarados perdidos a favor do Estado os objectos que sirvam ou estavam destinados a servir para a prática de um crime, ou que por este foram produzidos, quando pela sua natureza ou pelas circunstâncias do caso ponham em perigo a segurança das pessoas, a moral ou a ordem pública, ou ofereçam sérios riscos de serem utilizados para o cometimento de novos crimes.
2 – A perda dos objectos tem lugar, ainda que nenhuma pessoa determinada possa ser criminalmente perseguida ou condenada.
3 – Se a lei não fixar destino especial aos objectos perdidos nos termos dos números anteriores, pode o juiz ordenar que sejam total ou parcialmente destruídos ou postos fora do comércio.

prática de um crime"; os *produtos do crime*, ou seja, os objectos (não pré-existentes) que foram produzidos pelo crime.

Assinale-se, no entanto, que, de acordo com o artigo 107.º, a perda a favor do Estado não devia abranger todos os objectos que fossem instrumento ou produto do crime, mas apenas aqueles que, "*[p]ela sua natureza ou pelas circunstâncias do caso ponham em perigo a segurança das pessoas, a moral ou a ordem pública, ou ofereçam sérios riscos de serem utilizados para o cometimento de novos crimes*".

Em virtude de, no texto legal, a exigência de perigosidade surgir imediatamente após a menção aos objectos produzidos pelo crime, chegaram a surgir vozes a defender que essa exigência apenas se aplicava à perda a favor do Estado dos produtos do crime, não se verificando já tal condição quando estivessem em causa instrumentos do crime (os quais, por isso, deveriam ser sempre declarados perdidos)[108]. A redacção da lei, pouco precisa, permitia esta interpretação. Todavia, as actas das sessões da Comissão Revisora do Código Penal demonstram inequivocamente que, conforme estava expresso de forma mais nítida no corpo do artigo 102.º do projecto de Eduardo Correia[109], sempre foi propósito legisla-

[108] Assim, Maia Gonçalves, em anotação ao artigo 107.º do CP/82, distinguia entre os instrumentos do crime e os produtos do crime, afirmando que "[o]s instrumentos abrangem tanto os objectos utilizados na prática do crime, como os destinados a utilização; os segundos abrangem aqueles objectos que foram produzidos pela prática do crime e que, pela sua natureza ou quaisquer circunstâncias, ponham em perigo a segurança das pessoas, a moral ou a ordem pública, ou ainda haja risco sério de serem utilizados para o cometimento de novos crimes." – *Código Penal Português anotado e comentado e legislação complementar*, 3.ª ed., p. 271. Também Damião da Cunha (ainda que desenvolvendo uma interpretação alternativa resultante da conjugação dos artigos 107.º e 109.º, n.º 2, do CP/82) escreveu que o artigo 107.º do CP/82, quando interpretado de forma tradicional, contemplava duas situações: "[1]- a perda de objectos que sirvam ou estavam destinados a servir para a prática de um crime. [2] – a perda de objectos que foram produzidos pelo crime, desde que ponham em perigo a segurança das pessoas, a moral ou a ordem pública, ou ofereçam sérios riscos de serem utilizados para o cometimento de novos crimes." – *Da Perda de Objectos Relacionados com o Crime*, p. 4.

[109] A redacção do corpo do artigo 102.º do Projecto era a seguinte: "[a]inda mesmo quando nenhuma pessoa determinada possa ser criminalmente perseguida ou condenada, será sempre ordenada a apreensão a favor do Estado dos objectos que serviram ou estavam destinados a servir para cometer um crime ou que por ele foram produzidos,

tivo aplicar a cláusula da perigosidade tanto aos instrumentos como aos produtos do crime. Isso mesmo foi afirmado na intervenção inicial do autor do Projecto[110] e, na discussão travada na Comissão Revisora, jamais foi equacionado desligar a perda dos instrumentos do perigo que deles emergisse para a prática de crimes ou para a segurança e a ordem pública; diversamente, foi objecto de discussão, sim, se essa conexão devia ser afastada quando estivessem em causa produtos do crime[111]. Por isso, e dado que, manifestamente, não se detecta qualquer fundamento teleológico para se fazer depender a perda dos produtos do crime da sua perigosidade e não se fazer essa mesma exigência quando se trate de decretar a perda dos instrumentos do crime (que nem sequer são, como aqueles, objectos cuja existência se deve apenas ao facto de ter sido cometido um facto antijurídico), temos como certo que, à luz do disposto no artigo 107.º, n.º 1, da versão original do Código Penal, a perda a favor do Estado, tanto dos instrumentos como dos produtos do crime, estava condicionada ao perigo que deles resultasse para a segurança das pessoas, a moral ou a ordem pública, ou para o cometimento de novos crimes[112].

Como a perigosidade de um objecto tanto pode decorrer das suas características objectivas, como da utilização que do mesmo seja feita, discutiu-se também se a perda dos instrumentos e dos produtos do crime prevista no artigo 107.º do novo Código Penal devia ser determinada apenas em função do perigo que o objecto, em si mesmo, representa para a segurança de terceiros ou para a prática de crimes, ou se se devia consi-

quando tais objectos, por efeito da sua natureza e circunstâncias, ponham em perigo a segurança das pessoas, a moral ou a ordem pública, ou quando se verificar o perigo de que eles possam servir para cometer crimes".

110 Eduardo Correia, logo no início da discussão sobre o artigo 102.º, observou que "[n]em sempre os *producta* e os *instrumenta sceleris* devem ser apreendidos, mas só quando à sua não apreensão esteja ligado um perigo típico" – *Actas das Sessões da Comissão Revisora do Código Penal. Parte Geral*, p. 198.

111 Nesse sentido, chegou a ser defendido por vários membros da Comissão de Revisão, nomeadamente, com maior ênfase, por Sidónio Rito, que os produtos do crime deveriam ser sempre perdidos a favor do Estado – *Actas das Sessões da Comissão Revisora*, cit., pp. 200 e 205.

112 Esta foi também a visão acolhida pela jurisprudência maioritária da época – Cf., entre outros: Ac. RE de 19-06-1984 (*CJ*, IX, T.III, p. 358); Ac. RE de 20-12-1984 (*BMJ*, 344, p. 477); Ac. RP de 29-01-1986 (*BMJ*, 354, p. 615).

derar também a particular relação existente entre o objecto em causa e um determinado sujeito. FIGUEIREDO DIAS, pronunciando-se sobre esta questão, defendeu uma interpretação restritiva que afastasse a possibilidade da declaração da perda de um qualquer objecto pelo simples facto de o mesmo ser detido por um indivíduo perigoso, argumentando que, caso fosse admissível declarar a perda de um objecto que seja anódino em termos de perigosidade por causa da pessoa que o detém, não se estaria já a prevenir o perigo emergente de um objecto, mas sim o perigo emergente de um determinado agente, situação esta que devia ser atalhada por instituto diverso do da perda de bens relacionados com o crime. Por isso, segundo ele, a perda devia operar-se, em primeira linha, por força da "[p]erigosidade do objecto em si mesmo considerado, independentemente da pessoa que o detém", avaliando-se, no entanto, a perigosidade do objecto "[e]m concreto, isto é, nas concretas condições em que ele possa ser utilizado"; apenas ao nível desta avaliação sobre as concretas circunstâncias do caso é que pode ser efectuado um juízo quanto ao relacionamento entre a coisa e um determinado sujeito[113].

Esta posição de FIGUEIREDO DIAS afigura-se plenamente justificada sob o ponto de vista dogmático. Ainda assim, a mesma parece não corresponder exactamente ao pensamento do legislador, pois a redacção inicial da norma que constava da proposta de EDUARDO CORREIA, após uma discussão em sede de Comissão Revisora em que se observou o perigo dos objectos "[p]ode ter uma dupla fonte; ou resultar objectivamente de tais objectos, ou subjectivamente da relação em que se encontram com a pessoa que os detém", foi alvo de uma alteração – singela na forma, mas nada inócua no conteúdo – que levou a que, no segmento em que se referia que a perigosidade dos objectos devia decorrer *da sua natureza e circunstâncias*, a conjunção aditiva *e* fosse substituída pela conjunção alternativa *ou*, passando a constar no novo texto legal que a perda de instrumentos e produtos do crime devia ocorrer quando os mesmos, *pela sua natureza ou pelas circunstâncias do caso*, fossem perigosos.

A redacção do artigo 107.º do CP/82 pressupunha que houvesse sempre uma relação entre os objectos que fossem declarados perdidos a favor

[113] *Direito Penal Português. Parte Geral. T. II (As consequências jurídicas do crime)*, pp. 622 – 623.

do Estado e uma determinada actividade criminosa (seja por se tratarem de objectos que tenham sido produzidos por um crime, ou seja por se tratarem de objectos que "[s]irvam ou estavam destinados a servir para a prática de um crime"). Não obstante, a transferência desses objectos para a propriedade do Estado não se encontrava dependente nem da consumação de qualquer crime (bastava que os objectos servissem ou estivessem destinados para a prática de um crime), nem da condenação ou da perseguição de um agente criminal (o n.º 2 do artigo 107.º estabelecia que "[a] perda dos objectos tem lugar, ainda que nenhuma pessoa determinada possa ser criminalmente perseguida ou condenada").

O facto de a perda de instrumentos e de produtos do crime não depender da efectiva condenação de um arguido explicava-se pela razão de a medida não ter sido concebida como uma reacção contra o crime, mas, sim, como uma medida destinada a prevenir o perigo de determinados objectos serem afectados à prática de crimes [114]. Por isso, conforme foi observado por Figueiredo Dias após a entrada em vigor do Código Penal de 1982 [115], a perda de a favor do Estado de instrumentos ou de produtos, em rigor, não dependia da prática de um crime (ou seja, da verificação da totalidade dos elementos de um crime, entre os quais o da culpa do agente), bastando apenas que se tivesse verificado um facto típico e ilícito. Assim, caso a actividade típica e ilícita tivesse sido levada a cabo, por exemplo, por um inimputável, nada obstava a que, caso verificados os demais pressupostos legais, houvesse lugar à perda de objectos utilizados ou produzidos no âmbito dessa actividade [116]. Por idêntica ordem de razões, nenhum problema se colocava quanto ao decretamento da perda de objectos em casos em que o agente do facto criminoso estava determinado, mas em que o processo penal devia ser arquivado por falta de pressupostos processuais, por falta de pressupostos de punibilidade

[114] Isso mesmo foi expressamente assumido na comissão de revisão do Código Penal por Eduardo Correia: "[c]onexionando os objectos com o perigo típico que acarretam para a prática de crimes, a medida deve essencialmente ser vista como medida preventiva e não como reacção contra o crime" – *Actas das Sessões da Comissão Revisora*, cit., p. 202

[115] *Direito Penal, As consequências jurídicas do crime*, cit., pp. 619 – 621.

[116] Eduardo Correia, aliás, sempre referiu isso mesmo – *Actas das Sessões da Comissão Revisora*, cit., p. 202.

ou por qualquer outra causa de extinção do procedimento. Tais casos [117], manifestamente, enquadravam-se na previsão do n.º 2 do artigo 107.º do CP/82. Aparentemente, também se enquadravam nesta previsão as situações em que, apesar de se saber que se verificou um facto típico (*v. g.*, um homicídio, um furto ou uma violação) em que foi utilizado um determinado instrumento, nenhum agente foi identificado ou determinado. A propósito destas últimas situações, porém, sustentava FIGUEIREDO DIAS que, por não se encontrar afirmado qualquer tipo-de-ilícito subjectivo (doloso ou negligente), não havia fundamento politico-criminal válido para, em sede penal, se decretar a perda do objecto utilizado na prática do facto típico ou que por este tenha sido produzido [118]. Propugnava FIGUEIREDO DIAS, por isso, o acolhimento de uma interpretação restritiva do artigo 107.º, n.º 2, do CP/82, nos termos da qual o âmbito da aplicação desta norma se devia cingir "[a]os casos em que o agente está determinado, mas não pode, por falta de pressupostos de punibilidade, ser perseguido e (ou) condenado".

Tal como dissemos a propósito da posição de FIGUEIREDO DIAS sobre a perda de objectos que, devido às circunstâncias do caso, representem um perigo para a segurança pública, reconhece-se a solidez dogmática da interpretação do artigo 107.º, n.º 2, do Código Penal que se acaba de referir. Todavia, igualmente se aponta que tal interpretação parece afastar-se da *mens legislatoris* que, tanto quanto se julga, levou a que tivesse ficado consagrado na redacção legal não apenas que a perda pode ocorrer quando nenhuma pessoa determinada possa ser criminalmente *condenada*, mas também quando nenhuma pessoa determinada possa ser criminalmente *perseguida*.

[117] Que podiam ocorrer por motivos diversos, como, entre outros, a desistência de queixa, a amnistia ou a prescrição.

[118] Segundo este autor, a perda a favor do Estado de um qualquer objecto – mesmo sabendo-se da sua perigosidade – devia ser recusada por não se apresentar como "uma consequência jurídica de *natureza criminal*", mas, antes configurar uma medida de polícia administrativa cuja disciplina deve caber a ramo jurídico distinto do Direito Penal – *Direito Penal, As consequências jurídicas do crime*, cit., p. 620.

3.1.2. A perda das vantagens do crime

Culminando as ideias que vinham sendo desenvolvidas desde a década de 1960 para introduzir na nossa legislação penal medidas destinadas a obviar a que a actividade criminosa constitua, para os seus agentes, fonte de benefícios ou compensações, surgiu no Código Penal de 1982, como grande novidade em matéria de perda de bens relacionados com o crime, uma norma específica a estabelecer a perda a favor do Estado daquilo que, entre nós, vem sendo designado de *vantagens do crime*. Tratou-se do artigo 109.º[119], preceito legal que, como se podia alcançar a partir da redacção do seu n.º 4, aludia à perda de duas realidades: a recompensa do crime, que, nos termos do n.º 1 do artigo 109.º, incluía tanto a recompensa *dada*, como a recompensa *prometida* aos agentes do crime; as vantagens provenientes do crime, que, estando mencionadas no n.º 2 do artigo 109.º, incluíam os *instrumentos, objectos ou produtos do crime não abrangidos pelo disposto no artigo 107.º*, bem como os *objectos, direitos ou vantagens que, através do crime, hajam sido directamente adquiridos pelos seus agentes.*

Em ambos os casos, a perda a favor do Estado incidia sobre bens que, por causa de um crime, ingressaram na esfera jurídica do/s respectivo/s agente/s (os quais, por isso, constituem benefícios ou vantagens do delito). No entanto, enquanto que nas *recompensas* estão em causa vantagens que, não tendo conexão com o facto ilícito, são atribuídas ao agente como *contrapartida* da prática de um delito[120], nas *vantagens provenientes do crime* estão em causa bens adquiridos pelo agente que têm uma determi-

[119] O teor completo deste artigo era a seguinte:

ARTIGO 109.º (Perda de coisas ou direitos relacionados com o crime)

1 – Toda a recompensa dada ou prometida aos agentes do crime é perdida a favor do Estado. Tratando-se de qualquer vantagem insusceptível de transferência directa, ficará o Estado com o direito de exigir de quem a recebeu ou se obrigou a pagá-la o valor correspondente.

2 – São ainda perdidos a favor do Estado, sem prejuízo dos direitos do ofendido ou de terceiros, os instrumentos, objectos ou produtos do crime não abrangidos pelo disposto no artigo 107.º, e os objectos, direitos ou vantagens que, através do crime, hajam sido directamente adquiridos pelos seus agentes.

3 – Se os instrumentos ou objectos não estiverem em poder dos agentes, devem estes pagar ao Estado o valor correspondente sem prejuízo dos direitos do ofendido ou de terceiros.

4 – No caso de alguém responder criminalmente por actuação em nome de outrem nos termos do artigo 12.º e a recompensa do crime e as vantagens dele provenientes aproveitarem à pessoa em nome de quem o facto foi praticado, aplicar-se-á a esta o disposto nos números anteriores para os agentes do crime.

[120] Cf. Pedro Caeiro, *Sentido e função do instituto da perda de vantagens*, cit., p. 272.

nada conexão com o facto ilícito (porque eles próprios são já *instrumentos, objectos ou produtos do crime* ou, então, porque são adquiridos directamente *através do crime*). Por outro lado, enquanto que, para a perda de recompensas, não era necessário que tivesse sido completada uma actividade criminosa (bastava que, independentemente da efectiva execução de um delito, tivesse sido dada ou prometida uma recompensa ao agente), o mesmo já não acontecia quanto à perda das vantagens aludidas no n.º 2 do artigo 109.º, a qual, necessariamente, pressupunha a ocorrência de um crime (do qual as vantagens sejam *provenientes*).

Quanto ao leque de bens que podiam constituir recompensas, foi observado na comissão revisora do Código Penal que *recompensa* teria um sentido mais amplo que o de *preço* no seu estrito jurídico-civil e que, por isso, poderia incluir vantagens de outra natureza[121]. Face a tal e mais atendendo a que ficou disposto no n.º 1 do artigo 109.º do Código Penal que as recompensas não se cingiam às vantagens susceptíveis de transferência directa, podendo também incluir vantagens não transferíveis, afigura-se-nos claro que o conceito de recompensa incluía não apenas dinheiro ou objectos corpóreos, podendo também abranger outro tipo de vantagens que sejam dadas ou prometidas ao agente como contrapartida da prática de um delito e que possuam valor económico (como pode acontecer, por exemplo, com a prestação de um serviço ou com a permissão do uso de um objecto).

De todo o modo, conforme previsto no n.º 1 do artigo 109.º do Código Penal, a perda a favor do Estado de recompensas do crime, em rigor, apenas ocorria se as mesmas forem susceptíveis de transferência directa. Caso tal transferência não se mostrasse possível (*v. g.*, por se tratarem de prestações infungíveis), o Estado fica com o direito de exigir de quem recebeu a recompensa, ou se obrigou a pagá-la, o valor correspondente.

No que diz respeito aos bens cuja perda ficou prevista no n.º 2 do artigo 109.º do CP/82, não é fácil definir quais fossem os *instrumentos, objectos ou produtos do crime não abrangidos pelo disposto no artigo 107.º* e quais fossem os *objectos, direitos ou vantagens que, através do crime, hajam sido direc-*

[121] *Actas das Sessões da Comissão Revisora*, cit., pp. 207-208.

tamente adquiridos pelos seus agentes[122]. Recorrendo-se, também nesta sede, ao debate travado na comissão revisora do Código Penal, parece-nos ter sido claro propósito legislativo separar a regulação jurídica da perda dos objectos (instrumentos ou produtos) revestidos de perigosidade – cuja disciplina ficou a constar do artigo 107.º[123] –, da perda dos demais objectos que, sem acarretarem um perigo típico para a prática de crimes, devessem, ainda assim, ser perdidos a favor do Estado, perda esta que, no entanto, não se justificaria já por estritos escopos preventivos, mas, sim, pela finalidade de impedir que o crime constitua fonte de vantagens. Seria o caso da perda dos *quaesita sceleris*[124], ou seja, dos objectos pré-existentes que foram obtidos através da prática criminosa (*v. g.*, o objecto furtado ou o dinheiro obtido com uma burla), e, também, da generalidade das coisas que foram produzidas pelo crime, as quais, por terem na sua génese um facto absolutamente ilegal, se considerava não deverem ser objecto de qualquer aquisição patrimonial legítima[125].

Desta forma, mostra-se perceptível que a perda a favor do Estado dos *instrumentos, objectos ou produtos do crime* aludidos no primeiro segmento do n.º 2 do artigo 109.º visava repor a legalidade da situação patrimonial do agente, impedindo que este colhesse quaisquer benefícios directos da actividade delitual que desenvolveu e que, pela via da perda de instrumentos e produtos do crime prevista no artigo 107.º, não lhe pudessem ser retirados.

Assente que a perda de bens prevista na primeira parte do n.º 2 do artigo 109.º do Código Penal de 1982 se reportava a objectos que – independentemente de se tratarem de instrumentos, produtos ou de outro tipo de objectos – tinham uma relação directa com a actividade criminosa,

[122] Figueiredo Dias, apontava justamente que o texto legal suscitava "[u]m complexo problema de delimitação de fronteiras entre os arts. 107.º e 109.º, de modo a evitar – como se torna indispensável dada, por um lado, a diversidade de regimes entre um e outro e, por outro lado, a necessidade de conferir sentido útil ao art. 109.º – as sobreposições e as consequentes contradições." – *Direito Penal, As consequências jurídicas do crime*, cit., p. 630 (§ 1001).

[123] Que corresponde ao artigo 102.º do Projecto de Eduardo Correia.

[124] Cf. *Actas das Sessões da Comissão Revisora*, cit., pp. 202-203.

[125] Cf. *Actas das Sessões da Comissão Revisora*, cit., p. 202 (em especial a intervenção de Sidónio Rito) e p. 205.

mais fácil é delimitar quais os bens referidos na parte final do mesmo preceito legal (*objectos, direitos ou vantagens que, através do crime, hajam sido directamente adquiridos pelos seus agentes*). Tratavam-se estes de bens que, ainda que não emergindo ou resultando da actividade criminosa propriamente dita, ingressaram na esfera patrimonial do agente devido ao crime, por terem sido directamente adquiridos com o objecto ou os objectos do crime (*v.g.*, a jóia comprada com o cartão de crédito roubado ou o dinheiro obtido com a venda do automóvel furtado). O uso no texto legal do advérbio de modo *directamente* tornava claro que a perda apenas podia incidir sobre bens adquiridos através de uma primeira operação subsequente ao crime, excluindo-se, portanto, aqueles que houvessem sido obtidos mediante transacções posteriores (*v.g.*, o dinheiro obtido com a revenda da jóia que tinha sido comprada com o cartão de crédito roubado) ou que resultassem de prémios ou reinvestimentos da vantagem inicialmente obtida (*v.g.*, os juros bancários do dinheiro que foi obtido com a venda do automóvel furtado). Por outro lado, conforme foi expressamente esclarecido por Eduardo Correia durante a discussão do Projecto de Código Penal que elaborou[126], a perda também não podia incidir sobre bens cuja aquisição mais não seja do que um *efeito indirecto* de uma infracção criminal, pois os mesmos, por natureza, nenhuma ligação têm com o objecto do crime (*v.g.*, os bens da vítima mortal de um acidente adquiridos, por via sucessória, pelo agente que, por negligência, provocou aquela morte).

Esclareça-se finalmente que, conforme decorria da enumeração ampla de bens constante do n.º 2 do artigo 109.º do CP/82 (*instrumentos, objectos, produtos, direitos ou vantagens*), a perda aí prevista, a exemplo do que acontecia com a perda a favor do Estado de recompensas, tanto podia incidir sobre coisas corpóreas, como sobre direitos ou outro tipo de vantagens dotadas de valor económico, como, segundo referido por Figueiredo Dias, seria o caso de *benefícios de uso* ou de *evitação de dispêndios*[127].

3.1.3. Os objectos pertencentes a terceiros

Podendo a perda a favor do Estado de bens relacionados com o crime conflituar com o direito de propriedade de terceiros, ficou previsto no

[126] Cf. *Actas das Sessões da Comissão Revisora*, cit., p. 208.

[127] *Direito Penal, As consequências jurídicas do crime*, cit., p. 633 (§ 1006).

artigo 108.º do CP/82[128] que, por princípio, a perda dos instrumentos e dos produtos do crime dotados da perigosidade prevista no antecedente artigo 107.º devia operar-se mesmo quando tais instrumentos ou produtos pertencessem a pessoas sem qualquer relação com os factos criminais. Esse sacrifício do direito de propriedade justificar-se-ia – tanto quanto se julga ter estado na base da opção legislativa – pela premência das finalidades preventivas subjacentes à perda, relacionadas com o perigo representado pelos objectos em causa para a segurança pública ou com o risco de os mesmos serem utilizados no cometimento de novos crimes[129]. Nessa conformidade, os terceiros titulares dos bens apenas teriam direito a receber uma indemnização igual ao valor dos objectos perdidos, por cujo pagamento seriam responsáveis os agentes do crime ou – caso se verificasse a insolvabilidade destes – o Estado[130].

[128] A redacção deste artigo era a seguinte:

ARTIGO 108.º (Objectos de terceiro)

1 – Se os objectos a que se refere o artigo anterior não pertencerem, na data do crime, a nenhum dos agentes do facto criminoso ou seus beneficiários ou já não lhes pertencerem no momento em que a perda foi decretada, será atribuída ao respectivo titular uma indemnização igual ao valor dos objectos perdidos, por cujo pagamento os agentes do crime respondem solidariamente. No caso de insolvabilidade destes, será devolvida ao Estado a responsabilidade pela indemnização.

2 – Não há lugar à indemnização quando os titulares dos objectos tenham concorrido censuravelmente para a sua utilização ou produção, ou quando de modo igualmente reprovável os tenham adquirido, ou do crime hajam tirado vantagens.

[129] Esta opção mereceu a crítica de Figueiredo Dias – que defendia a consagração do princípio geral contrário e a consequente substituição da perda dos objectos pertencentes a terceiros de boa-fé pela perda, pelos agentes do crime, do sucedâneo em valor – mediante a argumentação de que "[o]u o objecto, apesar da sua perigosidade, pode ser legitimamente detido pelo novo proprietário – e será então pelo menos duvidoso que persistam razões de prevenção que possam ser feitas valer perante terceiro de boa-fé –, ou não pode ser legitimamente detido e então o que deve intervir é o instituto policial-administrativo da apreensão, não o instituto da perda." *Direito Penal, As consequências jurídicas do crime*, cit., p. 624 (§ 992).

[130] Figueiredo Dias afirmava também que a perda de objectos pertencentes a terceiros de boa-fé, ainda que estivesse legitimada constitucionalmente pelo disposto no artigo 18.º, n.º 2, da CRP, não se enquadrava nos pressupostos da expropriação por utilidade pública, pois, mesmo estando prevista uma contrapartida indemnizatória, a figura da expropriação prevista na Constituição tem que incidir sobre imóveis e tem que se basear

Não obstante o princípio geral da indemnização do terceiro titular do objecto declarado perdido a favor do Estado nos termos do artigo 107.º do Código Penal, três situações havia em que o terceiro, conforme disposto no n.º 2 do artigo 108.º, não tinha direito a indemnização: *(i)* quando tivesse concorrido censuravelmente para a utilização ou produção do objecto; *(ii)* quando tivesse adquirido o objecto de modo reprovável; *(iii)* quando tivesse tirado vantagens do crime.

No primeiro caso, a excepção ao direito indemnizatório justifica-se pelo facto de o titular do objecto cuja perda deve ser declarada ter emprestado um contributo para que esse objecto fosse produzido ou utilizado na prática criminal[131]. Dado que apenas se exige que o contributo do titular do bem seja censurável, pode estar em causa tanto uma conduta dolosa, como uma conduta negligente[132], ainda que, caso haja dolo, em princípio, estar-se-á perante uma actuação punível a título de cumplicidade[133].

A censurabilidade da conduta do terceiro titular de um instrumento ou um produto do crime pode também decorrer do facto de o mesmo ter adquirido esse objecto sabendo ou desconfiando da sua proveniência ilícita ou, mesmo que não representando essa possibilidade, negligenciando de forma grosseira o respectivo dever de cuidado. Podem caber nestes casos situações de receptação ou de favorecimento pessoal criminalmente puníveis[134], mas também outras condutas dolosas ou negligen-

na existência de um interesse público na aquisição da propriedade sobre esses imóveis. *Direito Penal, As consequências jurídicas do crime*, cit., p. 625 (§ 993).

[131] Como acontece, por exemplo, quando alguém disponibiliza um telemóvel a um traficante de droga, sabendo da possibilidade de esse aparelho vir a ser utilizado para o agente combinar entregas de produtos estupefacientes.

[132] Isso mesmo foi claramente expresso por Eduardo Correia quando, depois de Gomes da Silva preconizar na Comissão Revisora do Código Penal que se restringisse o afastamento da indemnização aos casos em que o dono do objecto tivesse uma ligação dolosa com a prática criminal, afirmou não ver qualquer razão de peso para que tal acontecesse – *Actas das Sessões da Comissão Revisora*, cit., pp. 202 e 204.

[133] O que faz com que, em rigor, o proprietário não deva sequer considerar-se terceiro, mas, antes, um agente do crime – cf. Figueiredo Dias, *Direito Penal, As consequências jurídicas do crime*, cit., p. 625 (§ 994).

[134] O que leva a que o titular do objecto, mesmo sendo terceiro em relação ao crime antecedente, seja, ele próprio, agente de um novo crime.

tes do terceiro adquirente do bem que, mesmo não constituindo crime, são reprováveis para a nossa ordem jurídica e, logo, não merecedoras da tutela indemnizatória que deve assistir aos terceiros de boa-fé.

Finalmente, uma vez que não se concebia que o crime pudesse constituir fonte de vantagens ou legitimar qualquer aquisição patrimonial, entendia-se que também não tinha direito a indemnização o titular de *instrumenta* ou *producta sceleris* que, mesmo sendo terceiro em relação ao facto criminoso, tirou benefícios deste[135]. Apesar de o texto legal não ser muito claro, afigura-se que era também pressuposto desta excepção ao direito indemnizatório o facto de o terceiro titular do objecto ter, por acção ou omissão, contribuído censuravelmente para o benefício que obteve, assim incorrendo – tal como os demais terceiros que, à luz do n.º 2 do artigo 108.º, não tinham direito a indemnização – numa conduta reprovável[136]. Doutro modo, pelo menos nos casos em que o valor do benefício fosse inferior ao do objecto declarado perdido para o Estado, a perda surgiria para o terceiro de boa-fé como uma medida sancionatória desprovida de qualquer fundamento dogmático.

Diferentemente do princípio adoptado para a perda a favor do Estado dos instrumentos e dos produtos do crime mencionados no artigo 107.º do CP/82 que fossem pertença de terceiros, ficou consagrado no artigo 109.º, n.º 3, do CP/82 o princípio geral de que a perda dos instrumentos ou objectos que fossem vantagens do crime somente se devia verificar se os mesmos estivessem em poder dos autores dos factos ilícitos, não sendo já atingido o direito de propriedade dos terceiros que fossem titulares de tais bens. Nestes últimos casos, a perda apenas podia ocorrer, excepcionalmente, na eventualidade de alguém responder criminalmente por actuação em nome de outrem nos termos do artigo 12.º do CP e as vantagens provenientes do crime houvessem aproveitado à pessoa em nome de quem o facto foi praticado[137]. De todo o modo, caso a perda dos bens

[135] Será o caso, por exemplo, do titular da arma de fogo que, sem o seu conhecimento, foi utilizada para coagir um seu devedor a saldar uma dívida que mantinha para consigo.
[136] Assim, no exemplo dado na nota anterior, necessário seria que o titular da arma de fogo tivesse violado deveres de cuidado cuja observância lhe era exigível e que, caso tivessem sido cumpridos, impediriam a actividade criminosa de que veio a beneficiar.
[137] Cf. artigo 109.º, n.º 4, do CP/82.

a favor do Estado não se pudesse operar por eles estarem em poder de terceiros de boa-fé, para prevenir a possibilidade de o crime ser encarado como uma via para a obtenção de benefícios, estava prevista a obrigação de os respectivos agentes pagarem ao Estado o valor correspondente às vantagens económicas geradas.

Já ao nível da perda de recompensas do crime verificava-se um desvio em relação ao princípio de que a perda apenas devia atingir bens dos autores dos factos ilícitos, pois também deviam ser declarados perdidos a favor do Estado as recompensas prometidas, mas não entregues, aos agentes [138]. Por outro lado, como no n.º 1 do artigo 109.º do CP/82 (diferentemente do que acontecia nos n.ºs 2 e 3 do mesmo artigo) não se estabelecia que a perda não podia prejudicar os direitos de terceiros, também estavam abertas as portas a que, sempre estivesse em causa uma recompensa que se traduzisse numa vantagem susceptível de transferência directa, fosse declarada a perda dessa recompensa, tanto quando o seu titular fosse um agente do crime, como quando o seu titular fosse um terceiro.

Não se mostrava, porém, compreensível que a protecção legal conferida a terceiros que adquiriram de boa-fé objectos que, anteriormente, serviram para recompensar um agente do crime (que se veriam confrontados com a inelutável perda desses objectos) fosse diferente daquela que era conferida aos terceiros de boa-fé que houvessem adquirido objectos que proviessem directamente do crime [139]. Por tal motivo, e dado que, face à redacção do artigo 109.º do CP/82, as recompensas, em termos conceptuais, podiam ser encaradas como uma subespécie das vantagens em sentido amplo (sendo a outra subespécie constituída pelas vantagens [*stricto sensu*] provenientes do crime), não seria de excluir que, tal como foi defendido por Pedro Caeiro, se adoptasse uma interpretação – não

[138] Caso, obviamente, como chama a atenção Figueiredo Dias, a "[p]romessa não tenha tornado o promitente em comparticipante", situação em que "[e]le deixa de poder ser visto como um «terceiro» para o efeito em causa." – *Direito Penal, As consequências jurídicas do crime*, cit., p. 637 (§ 1012).

[139] Causa evidente perplexidade, por exemplo, que um terceiro de boa-fé que adquira um veículo automóvel que anteriormente serviu para recompensar o agente que furtou por encomenda uma obra de arte se encontre menos protegido do que o terceiro de boa-fé que adquiriu um veículo automóvel furtado.

excluída pela letra da lei e legitimada por argumentos sistemáticos e lógicos – segundo a qual a perda a favor do Estado não podia afectar "[o]s direitos de terceiros de boa fé que tenham adquirido as vantagens *sub specie* recompensas"[140].

3.2. As modificações introduzidas pelo Decreto-Lei n.º 48/95, de 15 de Março

O DL n.º 48/95, de 15-03, entrado em vigor em 1 de Outubro de 1995, introduziu as primeiras alterações ao regime de perda a favor do Estado de bens relacionados com o crime estabelecido no Código Penal de 1982, modificando a redacção dos anteriores artigos 107.º, 108.º, 109.º e 110.º que, com a reforma legislativa então operada, transitaram, de forma correspondente, para os novos artigos 109.º, 110.º, 111.º e 112.º.

Fortemente inspirado pelas ideias que vinham sendo defendidas por FIGUEIREDO DIAS, o novo texto legal clarificou, desde logo, que o decretamento da perda não se encontrava dependente da imputação a um agente de um facto criminal culposo, substituindo, tanto a propósito da perda de instrumentos e produtos, como a propósito da perda de vantagens, as anteriores menções à comissão de um *crime* pela referência à prática de um *facto ilícito típico*.

Por outro lado, em conformidade também com a posição restritiva de FIGUEIREDO DIAS, que sustentava não caber ao direito penal decretar a perda de objectos quando não se logrou estabelecer qualquer relação entre um tipo de ilícito e um determinado agente[141] (já que isso seria matéria de índole puramente administrativa), foi alterada a formulação do anterior n.º 2 do artigo 107.º, deixando de se estabelecer que a perda de instrumentos e produtos ocorria ainda que nenhuma pessoa pudesse ser *criminalmente perseguida ou condenada*, para se fixar (no artigo 109.º, n.º 2, do CP/95) que a perda tinha lugar ainda que nenhuma pessoa pudesse ser *punida* pelo facto.

[140] *Sentido e função do instituto da perda de vantagens*, cit., p. 272.

[141] Como seria o caso, por exemplo, de um machado encontrado junto a uma vítima de homicídio cujo autor não se logra determinar, apesar de se apurar que a morte foi causada por golpes desferidos por aquele instrumento.

Ao nível da perda de instrumentos e produtos, manteve-se toda a restante redacção do anterior artigo 107.º, nomeadamente a exigência, constante do respectivo n.º 1, de que a perda apenas devia incidir sobre objectos que, pela sua natureza ou pelas circunstâncias do caso, pusessem em perigo a segurança das pessoas, a moral ou a ordem públicas, ou oferecessem sério risco de ser utilizados para o cometimento de novos factos ilícitos-típicos.

Todavia, para além de não ter sido aprovada a eliminação do texto legal da referência à moral como índice de perigosidade, também não foi acolhida a proposta, igualmente apresentada por Figueiredo Dias, para que a redacção do artigo 107.º, n.º 1, do CP/82 fosse ligeiramente alterada, substituindo-se o segmento que referia "objectos que, *pela sua natureza ou pelas circunstâncias do caso*, [ponham] em perigo", por outro em que constasse "objectos que, *atenta a sua natureza e as circunstâncias do caso*, ponham em perigo" [142]. Essa modificação permitiria clarificar que a avaliação da perigosidade de um objecto, ainda que devendo basear-se sempre nas suas características objectivas (não sendo, por isso, possível a perda de qualquer objecto apenas devido à personalidade do respectivo titular), devia atender também a outras circunstâncias, entre as quais aquelas que respeitam à relação existente entre o objecto e o seu dono ou possuidor (o que levaria a que a perda fosse afastada quando não se verificasse um perigo de reiteração da prática criminal). Desse modo, manteve-se campo interpretativo para que, conforme algumas opiniões das quais Figueiredo Dias discordava, pudesse ser decretada a perda de instrumentos pertencentes a agentes do crime que houvessem sido utilizados pelos seus titulares no cometimento de factos ilícitos-típicos ocasionais[143].

[142] Vide *Código Penal, Actas e Projecto da Comissão de Revisão*, pp. 91 – 93.

[143] Neste sentido, durante a discussão do projecto de revisão do Código Penal, apesar da posição contrária de Figueiredo Dias que recusava aceitar aquilo que reputava como uma espécie de *sacralização social* do instrumento do crime, tanto Manso Preto como Cunha Rodrigues (então Procurador-Geral da República), e também Lopes da Rocha, manifestaram-se no sentido de não se proceder à restituição ao agente do crime, por exemplo, de uma enxada que por ele tivesse sido utilizada para cometer um homicídio ocasional. – *Código Penal, Actas e Projecto*, cit., pp. 93 – 94.

As ideias propugnadas por Figueiredo Dias estiveram também na base das alterações da redacção dos artigos sobre a perda de objectos pertencentes a terceiros e sobre a perda de vantagens.

Quanto aos objectos pertencentes a terceiros[144], o princípio geral de que a perda não devia afectar o direito de propriedade dos terceiros que fossem alheios ao crime cometido, já anteriormente estatuído quanto às vantagens, foi alargado à perda de instrumentos e produtos do facto ilícito-típico, com o consequente abandono do princípio de que os titulares desses bens, devido à sua perigosidade, ter-se-iam que conformar com a inevitabilidade da perda, apenas sendo compensados, em tal caso, com a atribuição de uma indemnização igual ao valor dos respectivos bens. Ainda assim, não estava excluída a possibilidade de, excepcionalmente, a perda ser decretada, o que, no entanto, apenas podia acontecer nos casos em que os proprietários dos objectos tivessem concorrido censuravelmente para a sua utilização ou produção, tivessem beneficiado do facto ilícito ou tivessem adquirido os objectos sabendo que os mesmos provinham de um facto ilícito anteriormente praticado. Relativamente a estes três casos excepcionais, assinale-se o seu paralelismo com aqueles em que, anteriormente, se excluía a atribuição de uma indemnização aos terceiros afectados com a perda, apenas com a exigência suplementar, no que diz respeito ao terceiro adquirente do objecto, de ser necessário para a perda que ele, aquando da aquisição, tivesse actuado de má-fé, ou seja,

[144] A regulação desta matéria passou a constar do artigo 110.º do Código Penal, cujo teor era o seguinte:

ARTIGO 110.º (Objectos pertencentes a terceiros)

1 – Sem prejuízo do disposto nos números seguintes, a perda não tem lugar se os objectos não pertencerem, à data do facto, a nenhum dos agentes ou beneficiários, ou não lhes pertencerem no momento em que a perda foi decretada.

2 – Ainda que os objectos pertençam a terceiro, é decretada a perda quando os seus titulares tiverem concorrido, de forma censurável, para a sua utilização ou produção, ou do facto tiverem retirado vantagens; ou ainda quando os objectos forem, por qualquer título, adquiridos após a prática do facto, conhecendo os adquirentes a sua proveniência.

3 – Se os objectos consistirem em inscrições, representações ou registos lavrados em papel, noutro suporte ou meio de expressão audiovisual, pertencentes a terceiro de boa fé, não terá lugar a perda, procedendo-se à restituição depois de apagadas as inscrições, representações ou registos que integrarem o facto ilícito-típico. Não sendo isso possível, o tribunal ordena a destruição, havendo lugar à indemnização nos termos da lei civil.

que ele conhecesse a proveniência ilícita do bem, não sendo suficiente, portanto, que tivesse agido com culpa negligente.

Referência ainda para a introdução no n.º 3 do artigo 110.º do CP/95 de uma previsão destinada a regular expressamente uma situação especial prevista na legislação alemã e para a qual FIGUEIREDO DIAS já havia chamado a atenção anteriormente[145]: a de os objectos consistirem em inscrições, representações ou registos lavrados em papel, noutro suporte ou meio de expressão audiovisual, pertencentes a terceiro de boa-fé.

No que concerne à perda de vantagens[146], as principais alterações do texto legal destinaram-se a clarificar qual o leque de bens que deviam ser declarados perdidos a favor do Estado. Assim, de forma a superar as anteriores dificuldades interpretativas, foi expresso no artigo 111.º do CP/95 que, tal como FIGUEIREDO DIAS vinha defendendo, a perda devia atingir: n.º 1 – todas as recompensas dadas ou prometidas ao agente de um facto ilícito-típico, mesmo quando destinadas a beneficiar uma terceira pessoa; n.º 2 – todo e qualquer benefício patrimonial que, para o agente ou para outrem, tenha resultado directamente da prática de um facto ilícito-típico; n.º 3 – todo e qualquer benefício patrimonial que, ainda que não tenha resultado da actividade criminosa propriamente dita, foi obtido mediante transacção ou troca com bens conseguidos através do facto ilícito-típico.

Para além disso, foi alargado o âmbito da obrigação de pagamento ao Estado do valor dos bens que devem ser declarados perdidos, mas que

[145] Vide *Direito Penal, As consequências jurídicas do crime*, cit., p. 626 (§ 995).

[146] Matéria que passou a ser regulada nos seguintes termos:

ARTIGO 111.º (Perda de vantagens)

1 – Toda a recompensa dada ou prometida aos agentes de um facto ilícito típico, para eles ou para outrem, é perdida a favor do Estado.

2 – São também perdidos a favor do Estado, sem prejuízo dos direitos do ofendido ou de terceiro de boa fé, as coisas, direitos ou vantagens que, através do facto ilícito típico, tiverem sido directamente adquiridos, para si ou para outrem, pelos agentes e representem uma vantagem patrimonial de qualquer espécie.

3 – O disposto nos números anteriores aplica-se às coisas ou aos direitos obtidos mediante transacção ou troca com as coisas ou direitos directamente conseguidos por meio do facto ilícito típico.

4 – Se a recompensa, os direitos, coisas ou vantagens referidos nos números anteriores não puderem ser apropriados em espécie, a perda é substituída pelo pagamento ao Estado do respectivo valor.

não podem ser transferidos para o domínio público, estatuindo-se que essa obrigação se verifica não só quando estão em causa instrumentos ou objectos que não estão em poder dos agentes, mas, de uma forma geral, sempre que a impossibilidade de transferência se deve ao facto de a perda dever incidir sobre recompensas ou vantagens que, como se passou a dizer no n.º 4 do artigo 109.º do CP/95, não podem ser apreendidas em espécie. Desta forma, passaram a estar abrangidas pela "perda do sucedâneo em valor", tanto as situações em que se verifica o descaminho ou o extravio de bens que devessem ser declarados perdidos a favor do Estado, como as situações em que a impossibilidade de transferência para o Estado se deve à própria natureza da vantagem (*v. g.*, por se tratar de uma prestação infungível)[147].

Relativamente a estas hipóteses, em que deve haver lugar ao pagamento ao Estado de um quantitativo monetário correspondente ao valor dos bens que não podem ser apreendidos em espécie, refira-se, para finalizar, que o DL n.º 48/95, de 15-03, em acréscimo à possibilidade de pagamento diferido ou em prestações que já estava prevista, veio estabelecer a possibilidade de o tribunal recorrer à equidade para reduzir o valor a pagar, apenas nos casos, porém, em que considere que a obrigação de pagamento é, face à situação sócio-económica do devedor, injusta ou demasiado severa[148]. Tratava-se, nas palavras de FIGUEIREDO DIAS, de "[u]ma válvula de segurança do sistema em homenagem ao princípio da necessidade sancionatória"[149].

[147] Será o caso da utilização de um veículo que é feita pelo agente que cometeu um crime de furto de uso de veículo, ou o caso do serviço que foi prestado ao agente de um crime de burla pela vítima que, por ele, foi astuciosamente enganada.

[148] O teor completo do artigo 112.º do Código Penal que, então, passou a estar em vigor era o seguinte:

ARTIGO 112.º (Pagamento diferido ou a prestações e atenuação)

1 – Quando a aplicação do artigo anterior vier a traduzir-se, em concreto, no pagamento de uma soma pecuniária, é correspondentemente aplicável o disposto nos n.ºs 3 e 4 do artigo 47.º.

2 – Se, atenta a situação sócio-económica da pessoa em causa, a aplicação do n.º 4 do artigo anterior se mostrar injusta ou demasiado severa, pode o tribunal atenuar equitativamente o valor referido naquele preceito.

[149] *Direito Penal, As consequências jurídicas do crime*, cit., p. 639 (§ 1016).

3.3. A alteração da Lei n.º 32/2010, de 2 de Setembro

No ano de 2010, na sequência de longos debates parlamentares sobre a adopção de medidas legislativas que reforçassem o combate à corrupção, foram publicados diversos diplomas legais, entre os quais a Lei n.º 32/2010, de 2-09, que procedeu à 25.ª alteração ao Código Penal de 1982. Com a entrada em vigor desta Lei, a redacção do artigo 111.º do CP/95, atinente à perda de vantagens, sofreu uma ligeira modificação, sendo suprimida a palavra "directamente" que até aí constava do respectivo n.º 2, precisando que a perda prevista neste normativo incidia apenas sobre as vantagens patrimoniais *directamente* adquiridas (para si ou para outrem) pelo agente do facto ilícito-típico[150].

Não obstante a alteração havida no artigo 111.º do Código Penal parecer ir no sentido do alargamento do leque das coisas, direitos ou vantagens susceptíveis de perda, a verdade é que não se vislumbra que tal tenha acontecido. Com efeito, há que considerar que, desde a reforma do Código Penal ocorrida em 1995, estava claramente definido no texto legal que a perda de vantagens, a par dos bens que tivessem sido adquiridos logo através do facto criminoso (*quaesita sceleris*), apenas podia atingir os proventos do crime (*fructa sceleris*) que tivessem sido obtidos mediante transacção ou troca com aqueles bens. Ora, como a alteração legal ocorrida em 2010 apenas incidiu sobre o segmento do artigo 111.º (n.º 2) que se referia às vantagens patrimoniais resultantes do próprio facto ilícito-típico, nada tendo modificado quanto à amplitude do confisco de vantagens patrimoniais alcançadas através da utilização dos bens obtidos através do facto delituoso (matéria aludida no n.º 3 do mesmo artigo), fácil é de concluir que a Lei n.º 32/2010, de 2-09, não introduziu qualquer mudança significativa em sede de perda de vantagens, pois, tal como anteriormente, continuou a não ser possível confiscar o património que os criminosos, após uma primeira operação de transacção ou troca

[150] O artigo 111.º, n.º 2, do Código Penal, passou, assim, a ter o seguinte teor: *"[s]ão também perdidos a favor do Estado, sem prejuízo dos direitos do ofendido ou de terceiro de boa fé, as coisas, direitos ou vantagens que, através do facto ilícito típico, tiverem sido adquiridos, para si ou para outrem, pelos agentes e representem uma vantagem patrimonial de qualquer espécie".*

efectuada com os bens conseguidos com actividades criminosas, tenham logrado alcançar com a aplicação ou o reinvestimento de tais bens[151].

Nesta conformidade, uma vez que se afigura de excluir a possibilidade de a perda atingir vantagens que, ainda que sejam consequência reflexa ou indirecta de uma prática criminosa, não são um resultado do facto ilícito propriamente dito[152], nenhum outro sentido útil se detecta para a alteração verificada senão o de adequar o texto do artigo 111.º, n.º 2, do CP/95 ao facto de a perda de vantagens, para além dos bens directamente obtidos através do facto criminoso, poder atingir coisas ou direitos que, em rigor, já não são vantagens directas, como é o caso dos frutos dos bens directamente obtidos[153] (cuja inclusão no leque de bens abrangidos pelo n.º 2 do artigo 111.º não estava isenta de dúvidas interpretativas) e dos proventos resultantes da venda ou da troca destes bens (que já estavam referidos no n.º 3 do mesmo artigo).

3.4. O reforma do regime legal operada pela Lei n.º 30/2017, de 30 de Maio

A crescente transnacionalidade do fenómeno criminal motivou que os diversos Estados, a par das suas estratégias internas, venham desenvolvendo, desde há bastantes anos, mecanismos de cooperação internacional que permitam combater a criminalidade com maior eficácia. Muito particularmente no quadro da União Europeia, tem sido dada especial atenção à adopção de medidas tendentes a facilitar a detecção e o confisco dos bens resultantes de actividades criminosas, bem como à eliminação das diferenças entre a legislação dos seus diversos Estados-Membros

[151] O escasso contributo da alteração havida no n.º 2 do artigo 111.º do Código Penal para o combate à criminalidade reditícia foi logo observado por Damião da Cunha que, pouco depois da sua entrada em vigor, escreveu: "[a]lém de discutível, parece-nos que esta alteração pouco servirá do ponto de vista do pragmatismo ou da eficácia no combate aos lucros do crime." – *A Reforma Legislativa em Matéria de Corrupção. Uma análise crítica das Leis n.ºs 32/2010, de 2 de Setembro, e 41/2010, de 3 de Setembro*, p. 11.

[152] Será esse o caso, já atrás aludido neste trabalho (*vide* p. 56, em especial o excerto do texto ao qual se refere a nota 126), da vantagem em que se traduz a atribuição dos bens de uma herança ao herdeiro que, por negligência, provocou a morte do *de cujus*.

[153] *V. g.*, os cachorros com *pedigree* nascidos após a sua mãe, quando estava em estado de gestação, ser furtada.

sobre a perda de bens. Nesse sentido, vários instrumentos legislativos europeus foram surgindo[154], entre os quais ora merece ser especialmente mencionado, pelas reflexos que teve na alteração do regime de perda de bens constante do Código Penal português, a Directiva 2014/42/UE do Parlamento Europeu e do Conselho, de 3 de Abril de 2014 (sobre o congelamento e a perda dos instrumentos do crime na União Europeia). Esta directiva, visando a harmonização das diversas legislações nacionais, veio fixar regras mínimas a serem adoptadas pelos Estados-Membros da União Europeia em sede de congelamento e de perda de bens resultantes do crime, definindo o leque de bens abrangidos por essas medidas e os termos e as condições a serem observados por cada uma das mesmas.

Transpondo a Directiva 2014/42/UE do Parlamento Europeu e do Conselho, de 3 de Abril de 2014, para a legislação nacional, a Lei n.º 30/2017, de 30-05, procedeu à alteração da redacção dos artigos 109.º, 110.º, 111.º e 112.º do Código Penal (e também dos artigos 127.º, 128.º e 130.º deste código) e aditou o Artigo 112.º-A, introduzindo importantes modificações no regime legal que estava em vigor, quer quanto à perda de instrumentos, quer quanto à perda de produtos e à perda de vantagens de factos ilícitos-típicos.

Ao nível da perda de instrumentos[155], foram modificados alguns pormenores da redacção do n.º 1 do artigo 109.º do CP, nada tendo sido

[154] *Vide* nota 9, na qual se encontram enumerados os principais diplomas produzidos no âmbito da União Europeia em matéria de confisco.

[155] Cuja regulação continuou a constar do artigo 109.º, agora com a seguinte redacção:

ARTIGO 109.º (Perda de instrumentos)

1 – São declarados perdidos a favor do Estado os instrumentos de facto ilícito típico, quando, pela sua natureza ou pelas circunstâncias do caso, puserem em perigo a segurança das pessoas, a moral ou a ordem públicas, ou oferecerem sério risco de ser utilizados para o cometimento de novos factos ilícitos típicos, considerando-se instrumentos de facto ilícito típico todos os objetos que tiverem servido ou estivessem destinados a servir para a sua prática.

2 – O disposto no número anterior tem lugar ainda que nenhuma pessoa determinada possa ser punida pelo facto, incluindo em caso de morte do agente ou quando o agente tenha sido declarado contumaz.

3 – Se os instrumentos referidos no n.º 1 não puderem ser apropriados em espécie, a perda pode ser substituída pelo pagamento ao Estado do respetivo valor, podendo essa substituição operar a todo o tempo, mesmo em fase executiva, com os limites previstos no artigo 112.º-A.

4 – Se a lei não fixar destino especial aos instrumentos perdidos nos termos dos números anteriores, pode o juiz ordenar que sejam total ou parcialmente destruídos ou postos fora do comércio.

alterado, porém, nem quanto à definição legal de instrumentos de facto ilícito-típico (todos os objectos que tiverem servido ou estivessem destinados a servir para a prática de um facto ilícito-típico), nem quanto ao requisito de perigosidade que deve acompanhar a declaração de perda (a perda apenas deve ser declarada quando os instrumentos *pela sua natureza ou pelas circunstâncias do caso, puserem em perigo a segurança das pessoas, a moral ou a ordem públicas, ou oferecerem sério risco de ser utilizados para o cometimento de novos factos ilícitos típicos*). No n.º 2, porém, para além de se clarificar que a perda pode ser declarada também em caso de morte do agente, introduziu-se a possibilidade de a perda ser decidida antes do final do processo, mais concretamente quando o agente do delito tiver sido declarado contumaz. Tal aconteceu por força de ditame emanado da Directiva 2014/42/UE, instrumento legislativo que no seu artigo 4.º postulou que os Estados-Membros tomassem medidas que possibilitassem a perda de bens em processos que corressem termos à revelia do suspeito ou do arguido, designadamente por motivos de doença ou de fuga[156].

Completa novidade foi a introdução no n.º 3 do artigo 109.º do CP de uma norma a estabelecer que, se os instrumentos de facto ilícito-típico não puderem ser apropriados em espécie, *[a] perda pode ser substituída pelo pagamento ao Estado do respetivo valor, podendo essa substituição operar a todo o tempo, mesmo em fase executiva.* A introdução no nosso Código Penal da possibilidade de a perda de instrumentos ser substituída pelo pagamento ao Estado do respectivo valor decorre do facto de a Directiva 2014/42/UE, depois de impor aos Estados-membros a adopção das medidas necessárias para permitir a perda de instrumentos e produtos do crime, estatuir

[156] Segundo o considerando 15 da Directiva 2014/42/UE do Parlamento Europeu e do Conselho, de 3 de Abril de 2014, *"[s]ob reserva de condenação definitiva por uma infração penal, deverá ser possível decidir a perda de instrumentos e de produtos do crime, ou de bens cujo valor corresponda ao desses instrumentos ou produtos, condenação essa que poderá também ser proferida em processos à revelia. Se não se puder decidir a perda com base numa condenação definitiva, deverá todavia continuar a ser possível, em determinadas circunstâncias, decidir a perda de instrumentos e de produtos, pelo menos em casos de doença ou de fuga do suspeito ou arguido. Porém, em tais casos de doença ou de fuga, a existência de processos à revelia nos Estados-Membros é suficiente para dar cumprimento a essa obrigação. Se o suspeito ou arguido estiver em fuga, os Estados-Membros deverão tomar todas as medidas razoáveis e poderão exigir que a pessoa em causa seja notificada ou informada do processo de perda."*.

também que a perda pode incidir sobre os "bens cujo valor corresponda a tais instrumentos ou produtos"[157], nenhuma distinção sendo feita, portanto, entre a perda de instrumentos e a perda de produtos.

A perda do sucedâneo dos instrumentos do crime em valor, todavia, colide com o facto de o nosso Código Penal sempre ter condicionado o confisco de instrumentos (e, mesmo após as alterações que lhe foram introduzidas pela Lei n.º 30/2017, de 30-05, continuar a condicionar) à circunstância de os mesmos, pela sua natureza ou pelas circunstâncias do caso, comportarem um risco acrescido para a prática de novos delitos ou, em termos mais gerais, comprometerem a segurança pública. Com efeito, se a declaração da perda de instrumentos apenas se justifica enquanto medida destinada a afastar o perigo associado à posse desses instrumentos, nenhum sentido faz que o Estado, quando não os logra apreender, substitua a sua perda pelo pagamento do respectivo valor. Este pagamento, como é fácil de compreender, nenhum perigo afastará. A distorção conceptual, tão incompreensível quanto evitável[158], afigura-se-nos evidente[159].

Outra alteração ao quadro legal bastante significativa foi a passagem da perda dos produtos do facto ilícito-típico – que até aí acompanhava o regime definido para a perda de instrumentos – para o artigo 110.º do CP, no qual igualmente se encontra regulada a matéria da perda das van-

[157] *Vide* artigo 4.º, n.º 1 da Directiva 2014/42/UE do Parlamento Europeu e do Conselho, de 3 de Abril de 2014.

[158] Com efeito, a Directiva 2014/42/UE do Parlamento Europeu e do Conselho, de 3 de Abril de 2014, como mais directamente se apreende a partir da simples leitura do seu artigo 4.º (e, em termos gerais, resulta do facto de a Directiva ter tido como objecto apenas o estabelecimento de regras *mínimas* para o congelamento de bens e a perda de produtos do crime – cf. artigo 1.º), não impôs aos Estados-Membros a adopção de medidas que permitissem a perda de *todos* os instrumentos do crime ou a perda subsidiária do valor de *todos* os instrumentos ou produtos do crime. Quanto a isto, significativo é também o teor do Considerando 14 da Portaria, nomeadamente na parte em que se refere que "[o]s Estados-Membros são livres de definir a perda de bens de valor equivalente como medida subsidiária ou alternativa à perda direta, consoante adequado nos termos do direito nacional.".

[159] No mesmo sentido, Pedro Caeiro, *O confisco numa perspectiva de política criminal europeia*, cit., p. 36.

tagens do facto ilícito-típico[160]. Esta deslocação deveu-se ao facto de a legislação europeia não autonomizar a perda dos objectos produzidos pela prática do crime (*producta sceleris*), apenas distinguindo entre os 'instrumentos' do crime e aquilo que designa de 'produtos' do crime, mas que mais não se trata do que aquilo que na nossa legislação é, tradicionalmente, designado de 'vantagens do crime'[161].

Com a sua separação do regime da perda de instrumentos, a perda dos produtos deixou de depender da perigosidade que estes comportam para a segurança pública ou para o cometimento de novos factos criminais, passando a vigorar, no nosso Código Penal, o princípio da perda, sem excepção, de todos os objectos que tiverem sido produzidos pela prática de um facto ilícito-típico. Tal fundamentou-se na ideia, já deveras desen-

[160] A redacção do artigo 110.º do Código Penal passou a ser a seguinte:
ARTIGO 110.º (Perda de produtos e vantagens)
1 – São declarados perdidos a favor do Estado.
Os produtos de facto ilícito típico, considerando-se como tal todos os objetos que tiverem sido produzidos pela sua prática; e
As vantagens de facto ilícito típico, considerando-se como tal todas as coisas, direitos ou vantagens que constituam vantagem económica, direta ou indiretamente resultante desse facto, para o agente ou para outrem.
2 – O disposto na alínea b) do número anterior abrange a recompensa dada ou prometida aos agentes de um facto ilícito típico, já cometido ou a cometer, para eles ou para outrem.
3 – A perda dos produtos e das vantagens referidos nos números anteriores tem lugar ainda que os mesmos tenham sido objeto de eventual transformação ou reinvestimento posterior, abrangendo igualmente quaisquer ganhos quantificáveis que daí tenham resultado.
4 – Se os produtos ou vantagens referidos nos números anteriores não puderem ser apropriados em espécie, a perda é substituída pelo pagamento ao Estado do respetivo valor, podendo essa substituição operar a todo o tempo, mesmo em fase executiva, com os limites previstos no artigo 112.º-A.
5 – O disposto nos números anteriores tem lugar ainda que nenhuma pessoa determinada possa ser punida pelo facto, incluindo em caso de morte do agente ou quando o agente tenha sido declarado contumaz.
6 – O disposto no presente artigo não prejudica os direitos do ofendido.

[161] Segundo o quadro de definições constante do artigo 2.º da Directiva 2014/42/UE, «produto» deve ser entendido como "[q]ualquer vantagem económica resultante, direta ou indirectamente, de uma infracção penal; pode consistir em qualquer tipo de bem e abrange a eventual transformação ou reinvestimento posterior do produto direto assim como quaisquer ganhos quantificáveis".

volvida, de que o crime não pode constituir fonte legítima de qualquer aquisição patrimonial.

A Lei n.º 30/2017, de 30-05, introduziu ainda duas outras modificações ao regime legal da perda de produtos, ambas decorrentes da deslocação da sua regulamentação para o artigo 110.º do CP e do paralelismo que foi estabelecido entre a mesma e regulamentação da perda das vantagens. Uma delas foi o alargamento da perda aos bens resultantes da transformação ou reinvestimento dos produtos de infracções criminais e a todos os ganhos quantificáveis daí resultantes (artigo 110.º, n.º 3). A outra foi a possibilidade de, quando não se mostra possível a apropriação em espécie de produtos do facto ilícito-típico, a perda ser substituída pelo pagamento ao Estado do respectivo valor (artigo 110.º, n.º 4). Esta última possibilidade não merece já as objecções que foram feitas a propósito da norma que passou a prever a perda do sucedâneo de instrumentos em valor, pois a perda de produtos deixou de depender de estes consubstanciarem um perigo para bens pessoais ou comunitários.

No que diz respeito à perda de vantagens propriamente dita, a principal consequência da transposição da Directiva 2014/42/UE, operada através da Lei n.º 30/2017, de 30-05, foi a ampliação do leque de bens abrangidos pela perda, já que passou a ser possível confiscar, não apenas as coisas ou os direitos obtidos mediante uma primeira operação de transacção ou troca efectuada com bens conseguidos através de factos ilícitos-típicos, mas também bens resultantes da transformação destes e todos os ganhos quantificáveis resultantes de operações de transacção, troca e reinvestimento subsequentes. Dessa forma, a perda foi alargada a todos os bens que, directa ou indirectamente, sejam considerados provenientes de factos criminais, ou, por outras palavras, a tudo o que não teria sido obtido se não fosse o facto ilícito-típico. Esta amplitude – pese embora determinada pela necessidade de o confisco atingir estados de riqueza que apenas foram alcançados por via do recurso, em alguma das suas fases de desenvolvimento, ao crime – convoca problemas especialmente delicados ao nível da legalidade e da preservação dos direitos, liberdades e garantias individuais, pois, à medida que se avança na cadeia de aquisições patrimoniais, mais difícil se torna estabelecer uma relação entre a prática de uma determinada infracção criminal e a obtenção ou posse dos bens objectos de confisco.

Movendo-se a reforma de 2017 por inequívocos propósitos de alargamento do âmbito da perda de vantagens, não terá sido também mero pormenor semântico o facto de se ter passado a falar, no texto legal, em *vantagem económica*[162], em vez de *vantagem patrimonial*. Tal alteração traduz o reforço de uma concepção económico-jurídica de património em relação a orientações que, por se focarem sobretudo na titularidade de posições subjectivas em relação aos bens, não valorizam devidamente a relação fáctica que se estabelece entre os bens patrimoniais e aqueles que são os seus concretos titulares e podem fruir das suas utilidades.

Outra alteração introduzida pela Lei n.º 30/2017, de 30-05, foi a expressa consagração da recompensa dada ou prometida aos agentes de um facto ilícito-típico como se tratando de uma subespécie da vantagem económica. Dessa forma, foram definitivamente resolvidos os problemas que podiam emergir da compartimentação estanque entre o regime legal das recompensas, por um lado, e dos proventos do crime, por outro lado, e que, conforme Pedro Caeiro havia já chamado a atenção, se podiam manifestar a vários níveis[163]. Simultaneamente, a inclusão das recompensas no leque das vantagens permitiu superar toda e qualquer dúvida que pudesse subsistir quanto ao facto de a protecção legal aos terceiros que adquiriram objectos obtidos através de um facto criminoso ser idêntica à protecção conferida aos terceiros adquirentes de bens que, anteriormente, serviram para recompensar agentes do crime.

Ainda ao nível da perda de recompensas, foi introduzida no texto legal a menção de que o facto ilícito-típico cuja prática é premiada com a

[162] Expressão também acolhida na Directiva 2014/42/UE (*vide* nota anterior).

[163] Assim, caso se aceitasse sem críticas a separação conceptual anteriormente existente entre recompensa e vantagem do facto ilícito-típico, impor-se-ia concluir – algo inusitadamente – não ser possível declarar a perda de vantagens prometidas como contrapartida de um crime de corrupção activa ou de favorecimento pessoal quando o destinatário da promessa não viesse a recebê-las (porque, em rigor, não se estaria perante qualquer *recompensa*, mas perante *vantagens*; e, por não ter ocorrido a entrega ao destinatário de qualquer bem, também nunca se concretizou qualquer vantagem que, enquanto tal, fosse susceptível de ser declarada perdida) – cf. Pedro Caeiro, *Sentido e função do instituto da perda de vantagens*, cit., p. 272.

vantagem dada ou oferecida pode ser um facto *"já cometido ou a cometer"*. Esta alteração, segundo o que entendemos, não se destinou a precisar algo que já estivesse subjacente à norma, antes se tendo movido pelo propósito de ampliar a abrangência do confisco de recompensas, objectivo que, conforme adiante melhor se explicará [164], foi alcançado.

A reforma operada pela Lei n.º 30/2017, de 30-05, constituiu também uma oportunidade para simplificar a forma como se encontrava regulada a matéria atinente à perda de bens pertencentes a terceiros, ficando toda a sua disciplina condensada no artigo 111.º do CP [165]. As modificações substanciais, porém, não foram muitas, pois manteve-se o princípio geral de que a perda não podia atingir bens de terceiros, bem como as excepções fundamentais a este princípio: os casos em que o terceiro beneficiou do facto ilícito-típico ou concorreu censuravelmente para a utilização ou produção de instrumentos ou produtos do facto; os casos em que o terceiro não agiu de boa-fé quando adquiriu os bens que passaram a pertencer-lhe. Ainda assim, no que diz respeito à má-fé do terceiro

[164] *Vide* pp. 123 – 126.

[165] A redacção do artigo 111.º do Código Penal passou a ser a seguinte:

ARTIGO 111.º (Instrumentos, produtos ou vantagens pertencentes a terceiro)

1 – Sem prejuízo do disposto nos números seguintes, a perda não tem lugar se os instrumentos, produtos ou vantagens não pertencerem, à data do facto, a nenhum dos agentes ou beneficiários, ou não lhes pertencerem no momento em que a perda foi decretada.

2 – Ainda que os instrumentos, produtos ou vantagens pertençam a terceiro, é decretada a perda quando.

a) O seu titular tiver concorrido, de forma censurável, para a sua utilização ou produção, ou do facto tiver retirado benefícios;

b) Os instrumentos, produtos ou vantagens forem, por qualquer título, adquiridos após a prática do facto, conhecendo ou devendo conhecer o adquirente a sua proveniência; ou

c) Os instrumentos, produtos ou vantagens, ou o valor a estes correspondente, tiverem, por qualquer título, sido transferidos para o terceiro para evitar a perda decretada nos termos dos artigos 109.º e 110.º, sendo ou devendo tal finalidade ser por ele conhecida.

3 – Se os produtos ou vantagens referidos no número anterior não puderem ser apropriados em espécie, a perda é substituída pelo pagamento ao Estado do respetivo valor, podendo essa substituição operar a todo o tempo, mesmo em fase executiva, com os limites previstos no artigo 112.º-A.

4 – Se os instrumentos, produtos ou vantagens consistirem em inscrições, representações ou registos lavrados em papel, noutro suporte ou meio de expressão audiovisual, pertencentes a terceiro de boa-fé, não tem lugar a perda, procedendo-se à restituição depois de apagadas as inscrições, representações ou registos que integrarem o facto ilícito típico. Não sendo isso possível, o tribunal ordena a destruição, havendo lugar à indemnização nos termos da lei civil.

adquirente de instrumentos, produtos ou vantagens do facto criminal, a mesma passou a abranger não só os casos em que o terceiro adquiriu os bens sabendo da sua relação com um facto ilícito-típico anteriormente praticado, como também aqueles em que negligenciou deveres de cuidado que, se tivessem sido observados, lhe permitiriam conhecer a proveniência ilícita dos bens ou saber que os bens foram transferidos para si para evitar que a perda fosse decretada.

Para completar a análise que vem sendo desenvolvida, mencione-se que a Lei n.º 30/2017, de 30-05, manteve aquilo que já estava previsto no Código Penal quanto à possibilidade de pagamento diferido ou em prestações das somas monetárias que, por força do regime da perda de instrumentos, produtos e vantagens, devam reverter para o Estado, bem como quanto à possibilidade de atenuação especial dos valores a pagar (artigo 112.º). Colmatando, todavia, uma lacuna legal existente, introduziu uma nova norma (artigo 112.º-A) que veio definir que todos esses pagamentos estão sujeitos aos mesmos prazos de prescrição que estão previstos para as penas ou as medidas de segurança ou, quando não há lugar à aplicação a qualquer pena ou medida de segurança, aos prazos de prescrição previstos para o procedimento criminal.

4.
A natureza jurídica do regime de perda de bens previsto no Código Penal

4.1. O debate doutrinal

A identificação da natureza jurídica do instituto da perda de bens relacionados com o crime tem motivado acesa discussão doutrinal desde que, em 1982, foi aprovado o actual Código Penal português.

Leal-Henriques e Simas Santos [166], observando que as normas legais relativas à perda de bens congregam, "em proporções difíceis de definir", objectivos de índole bastante diversa, sempre defenderam que o instituto não possui uma natureza jurídica unitária, já que apresenta dois tipos de características:

- características de índole "quase-penal", que se revelam pelo facto de a perda de objectos, ao mesmo tempo que serve fins de prevenção geral, constituir para o autor ou comparticipante no delito uma sanção que *inclusive* "[o] pode afectar de forma mais severa do que a própria pena";
- características próprias de medidas de segurança, que se evidenciam quando a perda "[é] imposta sem ter em conta a questão da propriedade ou da má procedência" dos objectos sobre os quais incide, visando apenas proteger a comunidade do perigo que os mesmos acarretam para a segurança pública ou para a prática de factos anti-jurídicos.

Damião da Cunha, em estudo desenvolvido ainda antes da reforma de 1995, pronunciou-se também no sentido de que a perda de bens con-

[166] *Código Penal Anotado*, 1.º vol., 3.ª ed., p. 1112.

sagrada no Código Penal se trata de um instituto de direito substantivo "[c]om uma dupla natureza, embora unificado na ideia de sanção patrimonial" [167]. Segundo ele, a perda de objectos ou direitos relacionados com o crime não é um efeito da condenação [168], nem uma medida de polícia ou equiparável [169], constituindo, sim, uma sanção criminal – já que pressupõe a verificação de um crime, ou pelo menos de "[u]m facto típico e ilícito que levante a possibilidade de aplicação de uma pena ou de uma medida de segurança". Essa sanção, todavia, nuns casos, pode configurar uma *medida de carácter quase penal, com finalidades de segurança* e, noutros casos, uma *pena acessória*.

Completando o seu raciocínio, Damião da Cunha [170] concretizava que a perda, quando fundada em motivos de segurança, pressupõe sempre a prática de um facto típico e ilícito e justifica-se pelo perigo que os objectos utilizados nesse facto, ou por ele produzidos, consubstanciam para bens individuais ou para valores comunitários. Por isso, nestes casos, a perda é uma sanção com carácter especial, susceptível de ser aplicada de forma autónoma (ou seja, sem necessidade de acompanhar a condenação do visado numa pena principal) e sujeita a um juízo de proporcionalidade. Quando não baseada em razões de segurança, a perda, para Damião da Cunha, constituía já uma consequência da prática de um crime e, por isso, tinha a natureza de pena acessória. Consequentemente, apenas podia ser aplicada, após a formulação de um juízo de culpa, ao lado da condenação (numa pena principal) por um facto criminoso, podia ser substituída pelo valor (o que não acontecia com a perda por motivos de prevenção ou segurança) e estava sujeita aos princípios da adequação e da necessidade, apenas devendo ser declarada "[q]uando ainda proporcionada ao grau de culpa do agente".

[167] *Da perda de Objectos*, cit., p. 19.

[168] "[P]orque a perda de bens, como sanção, necessita de ser declarada, não gozando, pois, do aspecto de automaticidade de aplicação, inerente à ideia de efeito da condenação" – *Da perda de Objectos*, cit., p. 3.

[169] "[P]ois que supõe a prática de um crime, e, assim, a verificação dos pressupostos da responsabilidade (o que implica necessariamente a intervenção de um juiz)" – *Da perda de Objectos*, cit., pp. 5-6.

[170] *Da perda de Objectos*, cit., pp. 6 – 11 e 19 – 20.

A visão que atribuía natureza de pena acessória à perda de bens mereceu críticas firmes de FIGUEIREDO DIAS, autor que enfocava não ser possível extrair da lei que a culpa do visado constituísse limite à intervenção do instituto, como se evidenciava pelo facto de a providência poder operar relativamente a inimputáveis ou sem a condenação de um agente[171]. Por outro lado, considerando indiscutível que a perda, quando conexionada com o perigo típico que determinados objectos acarretam para a prática de crime, apenas podia ser vista como uma medida preventiva – e não como uma reacção penal –, sustentava ainda FIGUEIREDO DIAS não haver qualquer conveniência em adoptar uma compreensão dualista da natureza jurídica do regime da perda de bens, pois, nos casos em que a perda não dependia da perigosidade de objectos (*maxime* na perda de vantagens), a medida também não constituía uma penalidade, antes se fundamentando em termos politico-criminais, tal como a perda de objectos perigosos, em considerações de prevenção. A diferença seria apenas que "[n]os instrumentos e produtos está em causa a sua perigosidade imediata, resultante da sua adequação para a prática de crimes. Nas vantagens, diversamente, o que está em causa primariamente é um propósito de prevenção da criminalidade em globo, ligado à ideia – antiga, mas nem por isso menos prezável – de que «o 'crime' não compensa»."[172].

Nessa sequência, concluía FIGUEIREDO DIAS que a perda de bens relacionados com o crime (ou, mais exactamente, com factos típicos e ilícitos), ainda que não sendo, em rigor, uma medida de segurança[173], constitui, em qualquer das suas hipóteses, "uma providência sancionatória análoga à da medida de segurança". Segundo ele, tal como as medidas de segurança, a perda pressupõe a prática de um facto típico e ilícito, assenta num pressuposto de *perigosidade* (ainda que referida ao objecto, não ao agente) e tem como fundamento político-criminal a *prevenção da perigosidade*. Desta concepção, entre outras consequências, decorria que, tal

[171] *Direito Penal, As consequências jurídicas do crime*, cit., p. 627.

[172] *Direito Penal, As consequências jurídicas do crime*, cit., p. 632.

[173] Pois a medida de segurança é "[u]m instrumento sancionatório orientado pela e para a perigosidade do agente", enquanto que o instituto da perda se refere a uma perigosidade que não decorre da pessoa do agente, mas de objectos – *Direito Penal, As consequências jurídicas do crime*, cit., p. 628.

como acontece em matéria de medidas de segurança, a perda de bens não se encontra limitada pela culpa do agente, antes estando, sim, sujeita ao princípio da proporcionalidade, apenas devendo ser decretada, por isso, "[s]e a providência se revelar *proporcionada* à gravidade do ilícito-típico perpetrado e à perigosidade do objecto"[174].

Ainda que concordando com o facto de a perda de bens não constituir uma pena acessória[175], PEDRO CAEIRO demarcou-se da concepção que encarava a perda de bens prevista no Código Penal como uma providência de natureza análoga à das medidas de segurança[176]. Tal aconteceu, desde logo, por ser seu entendimento que o fundamento político-criminal da perda (sintetizado no adágio 'o crime não compensa') coloca a medida mais próxima das penas do que das medidas de segurança, já que estas últimas se justificam, essencialmente, por objectivos de prevenção especial, enquanto a perda, ainda que envolvendo finalidades de prevenção especial, visa assegurar, de forma mais ampla, finalidades de prevenção geral. Para além disso, considera PEDRO CAEIRO que, para que se estabeleça a analogia da perda com as medidas de segurança, não basta que estejamos perante providências que pressupõem apenas a prática de um facto típico e ilícito, pois é necessário também que o seu decretamento dependa sempre da formulação de um juízo de perigosidade (revelado pelo agente). Ora, no caso da perda, mesmo que se admitisse a possibilidade de o juízo de perigosidade incidir sobre outras realidades que não o agente[177], era claro para PEDRO CAEIRO que, pelo menos quando está em causa o confisco de vantagens, o decretamento da medida não assenta nem depende de qualquer avaliação sobre o perigo que os bens confiscados representam para o futuro cometimento de crimes.

Desta forma se afastando da concepção que vê na perda uma providência análoga a uma medida de segurança, afirma então PEDRO CAEIRO que

[174] *Direito Penal, As consequências jurídicas do crime*, cit., pp. 628 – 629.

[175] Esta posição, aliás, ficou reforçada com o acolhimento, na reforma de 1995, das propostas que FIGUEIREDO DIAS apresentou no sentido da supressão do texto legal de todas as referências susceptíveis de ligar a perda de bens à verificação de pressupostos de culpa.

[176] *«Sentido e função do instituto da perda de vantagens»*, cit., p. 307.

[177] Como, segundo PEDRO CAEIRO, por hipótese, poderia ser o caso de um "*estado patrimonial* (a disponibilidade das vantagens)".

a perda de bens prevista no Código Penal – que também não se encontra configurada como uma medida punitiva – deve, simplesmente, ser concebida "[c]omo um *tertium genus* dentro da panóplia das reacções penais. Todas visam finalidades de prevenção criminal e todas arrancam de um tronco comum – um concreto facto ilícito-típico –, requerendo depois, circunstâncias particulares (que aliás, não são mutuamente exclusivas): a pena exige a culpa; a medida de segurança exige a perigosidade do agente; a perda basta-se, muito prosaicamente, com a existência de vantagens patrimoniais obtidas através da prática do crime."[178].

Conde Correia, pronunciando-se igualmente sobre esta matéria, adoptou uma perspectiva "dualista", identificando, à luz das normas anteriores à Lei n.º 30/2017, de 30-05, diferente natureza jurídica ao confisco, consoante o mesmo incidisse sobre os instrumentos ou sobre as vantagens do facto típico e ilícito. No caso da perda de instrumentos, expressou aderir à posição de Figueiredo Dias no sentido de estarmos perante uma "providência sancionatória de natureza análoga à da medida de segurança" [179]. No caso do confisco de vantagens, Conde Correia afastou as concepções "tradicionais" que encaram a perda como uma pena acessória (segundo ele, "legalmente insustentável" após o quadro normativo posterior ao DL n.º 48/95, de 15-03) ou como uma providência sancionatória de natureza análoga à da medida de segurança (pois, como afirmava, o confisco não está dependente da perigosidade, "ainda que abstracta, latente ou mediata", das recompensas ou das vantagens do crime) [180]. Em alternativa, avançou com o entendimento de que o confisco de vantagens de factos ilícitos-típicos é uma "simples medida preventiva penal" que mais não visa do que alcançar a supressão ou correcção de um

[178] *«Sentido e função do instituto da perda de vantagens»*, cit., p. 308.

[179] Conde Correia justifica, desta forma, a sua posição: "[d]esde logo porque é pressuposto do confisco que tenha sido praticado um facto ilícito-típico; o que arrasta a natureza penal da solução. Depois porque a perda só pode ser declarada se a coisa for, atenta a sua natureza e as circunstâncias do caso, perigosa, afastando os mecanismos baseados numa culpa e numa pena. Finalmente, porque está em causa a prevenção desse perigo, mediante a adoção das medidas (perda) necessárias para o efeito. As semelhanças com as medidas de segurança, apesar de insuficientes para a identidade total, são por isso óbvias." – *Da Proibição do Confisco*, cit., pp. 78 – 79.

[180] *Da Proibição do Confisco*, cit., pp. 96 – 97.

património juridicamente ilegítimo, tendo na sua base "[f]ins exclusivamente preventivos: demonstrar ao visado que a prática de crimes não é forma legítima de enriquecer e confirmar perante toda a comunidade a validade e a vigência do ordenamento jurídico, nomeadamente dos modos de aquisição e de incremento patrimonial válidos"[181].

Ainda que cingindo a sua análise à perda das vantagens[182], HÉLIO RIGOR RODRIGUES, perfilha também da opinião de que o confisco "clássico" regulado no Código Penal deve ser encarado como uma medida tendente a remover a situação de ilicitude gerada por um facto antijurídico e, dessa forma, repor a situação patrimonial que o agente detinha antes de tal facto. Daí retira que o confisco, para além de não ser uma pena ou uma medida de segurança, não possui sequer carácter sancionatório, devendo, face a isso, ser considerado uma figura jurídica com uma natureza autónoma relativamente às demais consequências jurídicas do crime, verdadeira "[q]uarta via ou quarto degrau nas reacções que o Estado pode assumir contra os crimes, a par das penas, das medidas de segurança e da reparação da vítima"[183].

Indo mais longe na sua análise, HÉLIO RIGOR RODRIGUES defende ainda, de forma inovadora na nossa doutrina[184], que o confisco das vantagens – por ser uma medida desprovida de conteúdo sancionatório e que se move por puros propósitos de «restituição» ou de «recuperação de activos» que, por via de actos socialmente lesivos passaram, ilegitimamente, para mãos criminosas – não se reveste de natureza penal, mas,

[181] *Da Proibição do Confisco*, cit., pp. 63 – 64.

[182] Pois, no que diz respeito ao confisco de instrumentos, admite que o mesmo possa ser classificado como uma medida análoga à medida de segurança.

[183] «O confisco das vantagens do crime: entre os direitos dos homens e os deveres dos estados – a jurisprudência do Tribunal Europeu dos Direitos do Homem em matéria de confisco», *O Novo Regime de Recuperação de Ativos: à luz da diretiva 2014/42/UE e da lei que a transpôs*, p. 47.

[184] Em bom rigor, os créditos da inovação têm que ser repartidos entre HÉLIO RIGOR RODRIGUES e CARLOS A. REIS RODRIGUES, co-autores daquele que se julga ter sido o primeiro texto onde, entre nós, foi sustentada a natureza civil do instituto da perda de bens – *Recuperação de Activos na Criminalidade Económico-Financeira: Viagem pela idiossincrasias de um regime de perda de bens em expansão* (*vide*, muito especialmente, pp. 185 – 193).

sim, de natureza civil[185]. Segundo o seu raciocínio, a remoção do benefício obtido por uma infracção criminal apenas poderia constituir uma sanção se se admitisse que o delito é título aquisitivo de propriedade. Como não o é, o confisco constitui uma medida puramente restaurativa. Tal como a indemnização, visa reparar danos provocados por factos ilícitos e, sob o ponto de vista dos seus efeitos, faz incidir sobre a pessoa visada uma consequência absolutamente equiparável à obrigação de restituir que, nos termos da lei civil, emerge da verificação de situações de enriquecimento ilícito (*i. e.*, sem causa justificativa). Por isso, ainda que previsto na legislação penal e se apresentando externamente como uma consequência jurídica de infracções criminais, o confisco de vantagens de factos típicos e ilícitos, em termos substanciais, não desempenha qualquer função própria das reacções penais, antes possuindo uma natureza estruturalmente civil[186].

Extraindo consequências da sua visão, HÉLIO RIGOR RODRIGUES defende que o confisco de vantagens, dada a sua natureza, encontra-se sujeito a um padrão probatório civilístico e, por isso, a demonstração da relação que um determinado benefício económico tem com um facto ilícito-típico, bem como a determinação do valor do benefício, deve ser feita através de um critério de balanço de probabilidades ("mais provável que não"), e não segundo o postulado da prova "para além de qualquer dúvida razoável". Outras consequências, segundo HÉLIO RIGOR RODRIGUES, serão a possibilidade de inversão do ónus da prova relativa à origem e ao valor dos bens objecto de confisco, a possibilidade de, para efeitos de confisco, serem utilizadas presunções legais e a possibilidade de o confisco operar independentemente da demonstração de que o agente

[185] *«O confisco das vantagens do crime»*, pp. 49 – 55.

[186] Após desenvolver o seu pensamento, afirma HÉLIO R. RODRIGUES: "[e]m conclusão, parece-me que não será demasiado ousado afirmar que com o confisco das vantagens estamos perante uma consequência jurídica do crime de carácter civil. Uma reacção completa e eficaz face ao delito não resulta apenas da aplicação das consequências específicas do direito penal. É importante chamar as coisas pelos nomes, e o confisco das vantagens do crime assumindo funções unicamente restitutivas, possui natureza civil." – *«O confisco das vantagens do crime»*, cit., p. 54.

praticou o facto de onde resultaram os benefícios económicos com consciência dos seus actos e das consequências deste[187].

Bastante diferente, mas igualmente disruptiva, é a perspectiva assumida por Inês Ferreira Leite quanto a esta problemática da natureza jurídica da perda de bens. Segundo o seu ponto de vista, apesar da aproximação decorrente do surgimento no Direito Civil de instrumentos sancionatórios atípicos e, no Direito Penal, de mecanismos reparadores, ainda subsiste uma diferença essencial entre a reacção jurídica de natureza privatística – que assume uma finalidade primordial de reparação do dano –, e a reacção penal – que se move por finalidades dominantemente retributivas ou punitivas. No caso do confisco, há que distinguir entre as situações em que o procedimento estatal se destina a captar bens perigosos ou vantagens imediatas do crime e aquelas em que o procedimento se estende aos lucros das actividades ilícitas ou aos produtos criados pelo crime. Nas primeiras situações, o confisco não visa a imposição de um sacrifício sobre o património ou a pessoa do agente (independentemente de, em termos meramente subjectivos, poder ser sentido como um "mal" pelo visado) e, logo, não tem qualquer dimensão punitiva. Nas segundas situações, porém, uma vez que o procedimento não está vinculado ao dano (pois o ganho patrimonial pode ser bem diferente do dano provocado ou da vantagem directa que foi obtida com o crime), o confisco possui já um substrato punitivo. É certo que, nestas situações de confisco, podem coexistir finalidades complementares de índole reparatória (destinadas a "compensar o prejuízo causado pela prática do crime ao Estado ou à sociedade em geral") ou de índole preventiva-geral (destinadas a reforçar a componente dissuasora da pena); todavia, a finalidade punitiva é aquela que surge com prevalência[188].

Com base nos pressupostos acima enunciados, defende Inês Ferreira Leite que a combinação de finalidades punitivas e não punitivas confere ao confisco uma "[n]atureza híbrida, cuja amplitude e extensão dependem das necessidades preventivo-gerais e preventivo-especiais

[187] *«O confisco das vantagens do crime»*, cit., pp. 55 – 57.

[188] *"Ne (idem) bis in idem" proibição de dupla valoração e de duplo julgamento – Contributos para a racionalidade do poder punitivo público*, pp. 331 – 349, 392 – 413, 419 – 426 e 469 – 487.

negativas do caso concreto"[189]. Devido a essa hibridez, quando incide sobre bens perigosos ou sobre bens ilicitamente obtidos, assim como quando se aplica a inimputáveis, o confisco não segue o regime da pena; diferentemente, quando incide sobre frutos da actividade criminosa – sejam estes bens criados pelo crime ou, então, valores alcançados através de (bons) investimentos realizados com proveitos do crime –, o confisco deve seguir em pleno o regime da pena e, como tal, não pode prescindir da culpa do agente, sem prejuízo, porém, de a perda de bens ser aplicada de modo independente da pena principal e em função de "autónomos juízos de necessidade"[190].

4.2. Posição adoptada

A definição da natureza jurídica das medidas de confisco previstas na Parte Geral do Código Penal português mostra-se bastante dificultada pelo facto de as mesmas se regerem por normas com conteúdos muito diversos e incidirem sobre bens com características muito distintas. Todavia, parece-nos indiscutível que, independentemente de todas as considerações que possam ser feitas sobre o sentido, o alcance e os objectivos das normas legais vigentes, a perda de bens, tal qual está configurada, constitui uma reacção jurídica do Estado decorrente da verificação de um facto ilícito com coloração criminal, enquadrando-se, por isso, conforme as palavras de Costa Andrade e Maria João Antunes, "[n]o âmbito

[189] *Ne (idem) bis in idem*, cit., p. 489.

[190] Segundo Inês Ferreira Leite, "[n]a ponderação da aplicação da pena principal e da perda de bens, deverá ser clara a distinção funcional entre cada uma das sanções. A pena principal será ditada pela censurabilidade do facto e do seu agente e inevitável se assim ditarem as necessidades de prevenção especial positiva. A perda de bens pode ser aplicada mesmo quando se conclua pela desnecessidade da pena principal, sempre que os fins de prevenção geral (retributiva) e a avaliação das necessidades de prevenção especial negativa exijam a supressão de lucros. Pode ainda revelar-se desnecessária uma pena principal de prisão efectiva quando a mera supressão dos lucros permita satisfazer adequadamente todas as necessidades de prevenção especial." – *Ne (idem) bis in idem*, cit., pp. 510 – 511.

das consequências jurídicas de um comportamento que a lei define como crime"[191].

Quanto à questão de saber se, ainda assim, se pode surpreender no instituto da perda de bens uma natureza estruturalmente civil, desde já se diga que não acompanhamos tal entendimento. Quem defende a natureza civil da perda de bens argumenta, no essencial, que o confisco desempenha uma função de mera reposição do *statu quo* patrimonial que foi alterado pela prática do facto ilícito e, por isso, não se trata de uma medida de índole penal, mas, sim, de uma medida reparatória, mais especificamente, de uma medida que visa obter a reparação de danos causados por actos socialmente lesivos. Considera-se, porém, que esta visão não capta de forma adequada toda a complexidade funcional e operativa que caracteriza o regime de perda de bens constante do nosso Código Penal, o que, desde logo, se evidencia pela incompatibilidade da posição enunciada com diversas soluções do regime legal estatuído.

A incompatibilidade é manifesta no caso da perda de instrumentos do crime, pois, obviamente, o confisco dos objectos que serviram ou estavam destinados a servir para a prática de factos ilícitos-típicos não repõe a situação patrimonial anterior aos factos ilícitos, antes a modificando. Podendo, de todo o modo, defender-se uma perspectiva dualista da natureza jurídica da perda de bens, nos termos da qual apenas as medidas de confisco de vantagens teriam natureza reparatória, constata-se que também esta possibilidade se mostra incongruente com várias disposições do nosso Código Penal. Assim, se a perda de vantagens se tratasse de uma simples medida de remoção de uma situação de ilicitude, de todo incompreensível seria a possibilidade de, em certos casos, ser formulado um juízo no sentido de a aplicação da medida ser injusta ou demasiado severa e, devido a isso, tal como se encontra estabelecido no artigo 112.º, n.º 2, do CP, o tribunal atenuar equitativamente o quantitativo pecuniário correspondente ao valor da vantagem que não pode ser apropriada em espécie. De igual forma, sendo inequívoco, face ao disposto no n.º 2 do artigo 110.º do CP, que a recompensa é uma subespécie das vantagens das infracções criminais, mostra-se claro que o confisco de recompensas

[191] «Da apreensão enquanto garantia processual da perda de vantagens do crime», *RLJ*, 416, p. 366.

não se destina a operar a reposição da situação jurídico-patrimonial anterior ao facto ilícito-típico, seja quando está em causa o confisco de bens dados em recompensa (que são retirados da esfera jurídica do seu primitivo dono para ingressarem na propriedade do Estado), seja, de forma ainda mais evidente, quando está em causa o confisco de bens que foram oferecidos em recompensa (os quais são declarados perdidos a favor do Estado sem que alguma vez tenham chegado a sair da esfera jurídica do respectivo titular).

A boa análise do regime de perda de bens consagrado no Código Penal reclama, portanto, que se conclua que o confisco não pode ser encarado como uma simples medida reparatória. Em alguns casos, a declaração de perda de bens pode até impedir que o agente do crime fique investido da titularidade de bens adquiridos de forma ilegítima ou na sequência de eventos que, directa ou indirectamente, se fundem na prática de um facto ilícito e, nessa medida, contribuir para a restauração de uma determinada ordem patrimonial legítima. Essa consequência, porém, não deve ser confundida com a finalidade do confisco, como se comprova pelo facto de haver também situações em que a declaração de perda de bens não determina idêntico efeito (*v. g.*, quando se opera a perda da recompensa prometida). De resto, a própria circunstância de estar previsto no n.º 4 do artigo 110.º do CP que, quando os produtos ou as vantagens de facto ilícito-típico não podem ser apropriadas em espécie, há lugar à substituição da perda pelo pagamento ao Estado do respectivo valor, revela que as finalidades do instituto da perda de bens podem ser alcançadas através de uma forma alternativa que não envolve a entrega dos activos patrimoniais concretos que foram obtidos por via do facto ilícito. Ora, se a perda das vantagens do crime tanto se pode operar através do confisco das coisas ou direitos que constituem o verdadeiro benefício que foi obtido, como através da obrigação de pagamento do seu valor, tal apenas pode ser explicado pelo facto de a perda de bens desempenhar uma função mais ampla do que a simples reparação da ordem patrimonial ferida. Essa função – tanto quanto se concebe – é, muito simplesmente, o combate ao crime.

Se bem repararmos nas diversas medidas abrangidas pelo instituto da perda de bens consagrado no nosso Código Penal, todas elas se caracterizam por constituírem uma manifestação do poder de autoridade do Estado destinada a proteger a sociedade do delito, nuns casos através do confisco de bens que favorecem a prática de factos ilícitos-típicos (como acontece com a perda de instrumentos), noutros casos, através da captura dos benefícios decorrentes da prática de factos ilícitos-típicos (como acontece com a perda das vantagens em geral ou do respectivo sucedâneo em valor), noutros casos, ainda, através da eliminação dos incentivos económicos que fomentaram ou fomentam o cometimento de crimes (como acontece com a perda de recompensas ou do respectivo sucedâneo em valor). A intervenção do Estado, mais do que por escopos restaurativos, move-se por claras finalidades de prevenção criminal, a qual se exerce, directamente, sobre quem é visado pelas medidas de confisco e, indirectamente, sobre os membros da sociedade em geral, a quem é emitida uma mensagem (simultaneamente dissuasora e de reafirmação da validade da ordem jurídica) sobre a não compensação do recurso a expedientes criminais. Dadas as suas finalidades, as medidas de confisco podem ir além da reposição do quadro patrimonial afectado pela actividade criminosa e determinar, até, o sacrifício de interesses pessoais ou patrimoniais dos visados. Esse sacrifício, porém, apenas pode acontecer dentro dos estritos limites que, em função dos desideratos de política criminal prosseguidos, estejam previamente legislados. Desta forma, inserindo-se a perda de bens no âmbito das medidas que, para tutelar interesses gerais da sociedade, o Estado, fazendo uso do seu *ius imperii*, dirige a pessoas determinadas, impondo-lhes consequências que podem importar até a restrição de direitos subjectivos ou de interesses juridicamente protegidos, perfilha-se do entendimento firme de que o confisco se trata de um instrumento sancionatório que, aceitando-se a divisão tradicional do Direito em dois sectores, se enquadra no âmbito do direito público[192].

[192] Recorrendo-se a qualquer um dos três principais critérios acolhidos na doutrina para distinguir o Direito Público do Direito Privado (cf. Oliveira Ascensão, *O Direito – Introdução e Teoria Geral*, pp. 288 – 289), é inelutável afastar a natureza civil do confisco e concluir, sim, estarmos perante um instituto de direito público: se se adoptar o critério do *interesse*, as suas normas são estabelecidas, predominantemente, para prossecução de finalidades de interesse colectivo, só indirectamente servindo interesses privados; se se adoptar o critério do *sujeito*, trata-se de um instituto que regula situações jurídicas em que um dos sujeitos é uma pessoa colectiva dotada de autoridade política, ou seja, um ente público (neste caso, o próprio Estado); se se adoptar o critério da *posição dos sujeitos*, trata-se de um instituto cujas normas não colocam os sujeitos da relação jurídica em

Por outro lado, seja atendendo àquelas que são as suas finalidades, seja atendendo aos respectivos pressupostos e, até, à forma como se encontra estabelecida a sua arquitectura legal, afigura-se igualmente inequívoco que a perda de bens deve ser classificada como um instituto de carácter criminal.

Em termos de finalidades, tal evidencia-se pelo facto de as medidas de confisco visarem cumprir, de entre os interesses colectivos gerais, objectivos específicos de combate ao delito. Conforme houve já oportunidade de assinalar, o confisco visa proteger a sociedade do crime, no essencial, mediante a captura dos bens patrimoniais que incentivem ou sejam resultado de actividades criminosas, bem como dos objectos que possam ser utilizados ou reutilizados em futuras actividades do mesmo tipo.

No que diz respeito aos pressupostos, a natureza criminal da perda de bens evidencia-se pelo facto de ser necessário sempre que exista uma ligação entre os bens confiscados e um determinado facto criminoso. Conforme decorre do estatuído nos artigos 110.º a 112.º do CP, o fundamento, tanto da perda de instrumentos, como da perda de vantagens, não é um qualquer facto ilícito, mas apenas o facto ilícito de natureza criminal. Ainda que se podendo estar perante actuações desprovidas de culpa e que, por isso, não culminem com uma condenação, para que se opere a perda é sempre necessário que se tenha verificado um facto que se enquadre, em termos objectivos, num tipo legal de crime. Como tal, a perda de bens, para além de não ser uma medida administrativa ou de polícia, também não se trata de uma simples reacção a um quadro de ilicitude, mas, sim, de um instrumento de tutela específica dos bens jurídicos protegidos pelo Direito Penal[193].

posição de paridade, antes conferindo a um deles poderes de autoridade que permitem que actue munido de *ius imperii* e, concomitantemente, estabelecem restrições e sujeições aos outros sujeitos da relação.

[193] A este propósito, não se pode deixar de apontar que, caso o confisco se tratasse de uma medida reparatória de natureza civil, não seria compreensível que, por exemplo, quando se verifica uma conduta causadora de danos patrimoniais da qual resultem vantagens para o agente, face às normas legais vigentes, apenas deva haver lugar à perda das vantagens obtidas pelo agente que actuou com dolo, e já não à perda das vantagens obtidas por quem actuou de forma negligente (pois, nesta situação, apesar de se ter veri-

Finalmente, reforçando o facto de a perda de bens se tratar de um instituto de carácter criminal, verifica-se que também, em termos sistemáticos, o respectivo regime legal se encontra consagrado no Código Penal, especificamente incluído – a par das penas e das medidas de segurança – no Título III, relativo às "consequências jurídicas do crime". Este argumento de carácter formal, por si só, não será decisivo; todavia, não deixa de expressar o enquadramento conceptual que foi dado à perda de bens pelo nosso legislador, factor interpretativo que ainda maior significado assume quando se verifica a consonância entre essa configuração legal e aqueles que, vimos já, serem as finalidades e os pressupostos do instituto. Nessa conformidade, considera-se relevante que o nosso legislador, a propósito dos prazos de prescrição da obrigação de pagamento ao Estado do valor substitutivo da perda dos bens que não podem ser apropriados em espécie, tenha optado por estabelecer, no artigo 112.º-A do CP, que se aplicam aos pagamentos que devam ser efectuados "[o]s prazos de pagamento previstos para a pena ou para a medida de segurança concretamente aplicada." (n.º 1) ou, nos casos em que não tenha havido lugar a aplicação de pena ou de medida de segurança, "[o]s prazos de prescrição previstos para o procedimento criminal." (n.º 2). Todos os elementos, conceptuais, normativos e sistemáticos, confluem, pois, no mesmo sentido: a perda de bens prevista no Código Penal português *é um instituto sancionatório de natureza criminal*.

Concluindo-se que a perda de bens se trata de uma sanção criminal ou, dito de outra forma, uma consequência jurídico-penal de um facto tipificado legalmente como delito, cumpre agora observar que a mesma não se enquadra em qualquer das duas categorias clássicas de consequências jurídicas do facto criminal que se encontram referidas no artigo 40.º do CP: as medidas de segurança ou as penas. É verdade que, tal como estas, pressupõe a prática de um facto ilícito-típico. Todavia, diferentemente das medidas de segurança, a perda de bens não envolve a formulação de qualquer juízo de perigosidade relativamente à pessoa que praticou o facto, nem, no caso específico da perda de vantagens, depende da formulação de qualquer juízo sobre o perigo criminal que possa estar

ficado um facto ilícito civil, não ocorreu qualquer facto ilícito de cariz criminal – cf. artigos 212.º e 13.º, do CP).

associado ao bem a ser confiscado. Diferentemente das penas, a perda de instrumentos ou de vantagens do facto postula apenas que haja uma ligação entre o bem confiscado e um determinado facto ilícito-típico, não dependendo, portanto, da prática de qualquer conduta que seja imputável a título de culpa à pessoa afectada pela sanção; devido a isso, é possível que a perda seja decretada sem que o titular do bem confiscado seja condenado criminalmente e, em certos casos[194], é possível também que a perda incida sobre bens que não pertencem a qualquer dos agentes do facto ilícito.

A circunstância de o confisco não depender da condenação criminal do visado e poder atingir bens pertencentes a quem não teve uma participação culposa na prática do facto ilícito não impede que o mesmo, como amiúde acontece, seja decretado em situações em que o titular dos bens é condenado pela prática culposa da infracção criminal. Daí que se possa questionar se, nestes casos, a perda pode assumir dimensão punitiva, diferentemente das situações em que não foi feita prova da culpa do visado. Esta perspectiva, próxima daquela que, entre nós, é defendida por Inês Ferreira Leite[195], corresponde à visão dominante que a doutrina alemã tem sobre o regime legal da perda de bens consagrado no Código Penal alemão (*StGB*), desde que o mesmo foi reformado por Lei de 28 de Fevereiro de 1992.

Como explicam Jescheck e Thomas Weigend[196], com a substituição em 1992, na descrição do objecto do confisco dos benefícios, da expressão "vantagem patrimonial" (*Vermögensvorteil*) pelo vocábulo "algo" (*etwas*), o código alemão passou a admitir a perda de tudo aquilo que foi obtido pelo autor do delito, sem dedução dos gastos que ele suportou para auferir tais proven-

[194] Cf. artigo 111.º, n.º 2, do CP.

[195] Esta autora, ainda que atribuindo uma duplicidade ou hibridez estrutural ao confisco, afasta, no entanto, que a perda de bens, mesmo quando assume cariz punitivo, funcione como uma pena acessória. Tal sucede porque – segundo o que sustenta – o decretamento da perda, ainda que possa estar condicionado à demonstração da culpa do agente, deve ser sempre decidido de forma autónoma em relação à pena principal – *vide* nota 190.

[196] *Tratado de Derecho Penal. Parte General* (trad. Miguel Olmedo Cardenete), pp. 852 – 854 e 858 – 861.

tos[197]. Ora, a partir do momento em que o confisco dos benefícios passa a reger-se pelo princípio da vantagem bruta (*Bruttoprinzip*), e já não pelo princípio da vantagem líquida (*Nettoprinzip*), a perda deixa de estar limitada pela medida daquilo que o visado efectivamente ganhou com o facto criminoso, adquirindo, quando essa medida é excedida, o carácter de pena. Para que isso aconteça, porém, é necessário, sob pena de violação do princípio *nullum poena sine culpa*, que esteja judicialmente reconhecida a culpa do agente do facto ilícito-típico. Se este não actuou culposamente ou se a perda incidir sobre bens de quem não participou no facto, o confisco não pode ter carácter punitivo e, logo, apenas pode atingir a vantagem patrimonial realmente obtida, ou seja, a vantagem líquida.

Quanto à perda de produtos ou instrumentos do crime, o corpo do § 74.º do *StGB* prevê a possibilidade de confisco de todos os objectos que sejam produtos ou instrumentos de um crime (independentemente, portanto, de os mesmos serem ou não perigosos), apenas exigindo, para o efeito, que eles pertençam a um agente ou participante do delito. Se, porém, estiver em causa um objecto que, pela sua natureza e circunstâncias, coloque em causa a segurança pública ou constitua um perigo para a prática de actos antijurídicos, estabelece-se no artigo 74.ºb do StGB que a sua perda pode ser decretada mesmo que o agente ou participante tenha actuado *sem culpa*, ou mesmo que o objecto pertença a um terceiro (neste último caso, o titular do objecto terá direito a uma compensação monetária, a não ser que tenha contribuído de forma imprudente para a utilização ou produção do objecto ou o tenha adquirido conhecendo ou devendo conhecer as circunstâncias que determinam o seu confisco). Por isso, uma vez afirmada a culpa do autor ou participante, o mesmo pode ser sancionado com a perda de produtos ou instrumentos desprovidos de qualquer perigosidade, situação em que o confisco deixa de ter cariz preventivo e passa a constituir uma verdadeira pena.

Desta forma, e porque no StGB, tanto a perda de vantagens, como a perda de instrumentos e de produtos do crime, em determinados casos, pode ter carácter punitivo, é aceite pela doutrina germânica que o confisco de bens possui natureza mista: quando é feita prova da culpa do titular do bem confiscado na produção do facto ilícito-típico, a perda pode constituir uma pena

[197] Por exemplo, o preço da viagem que o criminoso efectuou até ao local do delito ou o custo do investimento que o falsificador de moeda suportou para fabricar notas falsas.

e, por isso, no caso da perda de vantagens, exceder o ganho concreto que foi obtido com o facto, ou, no caso da perda de instrumentos, atingir bens que não são perigosos; quando não se prova a culpa do agente, a perda não pode assumir cariz punitivo e, logo, o confisco dos proveitos do facto rege-se pelo princípio da vantagem líquida e o confisco dos instrumentos apenas pode incidir sobre objectos que coloquem em perigo a segurança da população em geral, ou que ofereçam sério risco de serem utilizados para o cometimento de novas infracções criminais.

Em Portugal, o regime legal da perda de bens contém algumas normas que, por admitirem o confisco de activos patrimoniais concretos que não se relacionam directamente com práticas criminosos, parecem conferir à sanção, efectivamente, características punitivas. É o caso da possibilidade de a perda ser substituída pelo pagamento ao Estado de um determinado quantitativo monetário, de a perda atingir bens obtidos por via do reinvestimento das vantagens resultantes do facto ilícito-típico ou, até, a possibilidade de o confisco incidir sobre bens que foram prometidos como recompensa de factos que nunca chegaram a ser cometidos. Todavia, daí não decorre, necessariamente, que o confisco, tal qual se encontra configurado no Código Penal, constitua uma verdadeira pena.

Assim, no caso da perda de instrumentos, desde logo se encontra delimitado no artigo 109.º do CP que a mesma apenas pode incidir sobre objectos que, pela sua natureza ou pelas circunstâncias do caso, ponham em perigo a segurança das pessoas, a moral ou a ordem públicas, ou ofereçam sério risco de ser utilizados para o cometimento de novos factos ilícitos-típicos. Como tal, dado que o decretamento da perda se encontra sempre dependente da perigosidade que esteja associada ao bem a confiscar, obedecendo, por isso, a finalidades estritamente preventivas, mostra-se claro que na nossa legislação penal, diferentemente do que sucede na legislação alemã, a perda de instrumentos não pode, em caso algum, ter carácter punitivo.

Por outro lado, no que diz respeito à perda de vantagens, há que considerar que, em rigor, o confisco apenas terá carácter punitivo se exceder a medida do benefício económico que o facto criminoso efectivamente proporcionou ou da compensação que, para incentivar práticas criminosas, foi dada ou oferecida. Como já houve oportunidade de explicar, a perda de bens cumpre uma função específica de combate ao crime, procurando evitar a circulação na comunidade de instrumentos susceptíveis de serem utilizados ou reutilizados em actividades criminosas e eliminar as compensações económicas que incentivem a prática de factos ilícitos-típicos ou que sejam resultado destes. O confisco não se move, pois, por finalidades repressivas ou punitivas. Contudo, se atingir outros bens que não aqueles que estão especificamente incluídos na área de actuação definida pelas suas finalidades, o confisco poderá já constituir uma verdadeira pena. Seria esse o caso se, por exemplo, fosse possível decretar a perda de instrumentos de factos ilícitos-típicos desprovidos de perigosidade para a segurança ou a ordem pública ou que não representem perigo para o cometimento de factos criminosos. Poderá ser também esse o caso se se considerar que o confisco de vantagens, pelo menos em algumas situações, é susceptível de operar a reversão para o Estado de mais do que aquele que foi o real proveito económico de um facto ilícito-típico ou, no caso da perda de recompensas, de mais do que aquilo que foi oferecido ou prometido como recompensa de um facto ilícito-típico.

Bem analisado, porém, o disposto no artigo 110.º do CP, verifica-se que o confisco aí previsto, para além do caso específico dos produtos do facto ilícito-típico (mencionado na alínea *a)* do n.º 1), não incide sobre tudo aquilo que foi obtido através de um facto ilícito, mas apenas sobre a vantagem económica resultante desse facto. É verdade que a vantagem económica tanto pode resultar directamente como indirectamente da infracção criminosa, abrangendo, de uma forma geral, todos os ganhos resultantes da utilização, aplicação ou reinvestimento dos benefícios económicos iniciais. Essa amplitude da perda, porém, não determina que o confisco deva incidir sobre todos os bens provenientes do facto ilícito-típico, pois, aludindo o texto legal somente à perda dos bens (*coisas, direitos ou vantagens*) que constituam vantagem económica, afigura-se claro o propósito legislativo de limitar o confisco ao benefício efectivo que resultou do delito. Desta forma, considera-se que, face à actual redacção do artigo 110.º do CP, a perda de vantagens continua a ser regida pelo princípio da vantagem líquida. As reformas que se verificaram em 1995, em 2010 e em 2017, não obstante terem alargado o leque de bens susceptíveis de serem confiscados, não introduziram ainda o princípio da vantagem bruta. Esta é a interpretação que se mostra mais conforme, não só com a letra da lei, como também com a história e com o pensamento legislativo subjacente ao texto, o qual sempre se guiou pela ideia de a perda se tratar de um instituto desligado da ideia de culpa que visa cumprir finalidades de prevenção criminal e não punir a prática de factos antijurídicos. Essa foi a concepção que, pondo fim a algumas dúvidas interpretativas que o texto original do Código Penal podia gerar, foi claramente acolhida quando o capítulo da perda de instrumentos, produtos e vantagens foi alterado pelo DL n.º 48/95, de 15-03 e que, mesmo após as modificações operadas pela Lei n.º 32/2010, de 2-09, e pela Lei n.º 30/2017, de 30-05, não foi abandonada, continuando a reger, não só ao nível da perda de instrumentos, como também em sede de perda de vantagens.

Por tudo quanto se acaba de explanar, impõe-se concluir que o desenho legal da perda de bens prevista no nosso Código Penal *não contempla a possibilidade de o confisco desempenhar funções punitivas*. Como tal, ter-se-á que excluir também a visão que atribui à perda uma natureza mista ou híbrida: seja ou não proferida decisão que afirme a culpa do titular dos bens confiscados (como acontece quando ele é condenado numa pena criminal pela prática do facto ilícito-típico), *de iure condito* o confisco não pode seguir o regime de pena.

Não obstante não dever ser classificada como uma medida de segurança ou uma pena – nem sequer como uma medida de natureza híbrida –, a perda de bens apresenta algumas características que a aproximam destas sanções. Aproxima-se da figura das medidas de segurança em virtude de, tal como estas, cumprir finalidades preventivas. Aproxima-se das penas porque, tal como estas, impõe um sacrifício às pessoas visadas pela reacção que o Estado move devido à violação de uma norma de determinação. Esta aproximação, porém, mais não decorre do que do facto de o confisco se tratar, como as medidas de segurança e as penas, de uma sanção que, com vista à protecção dos bens jurídicas tutelados pelo Direito Penal, é estabelecida na lei como consequência de um facto ilícito-típico. Para lá deste campo comum de actuação, a perda de bens *possui especificidades* que a separam quer das medidas de segurança, quer das penas. Das primeiras, porque não visa proteger a sociedade do agente do facto criminoso. Das segundas, porque se move por finalidades que não visam punir a prática culposa de factos ilícitos.

Dadas as diferenças que se acabam de apontar, nenhuma utilidade se vislumbra em estabelecer qualquer equiparação entre a perda de bens e as medidas de segurança ou as penas. Há elementos que aproximam todas estas medidas, mas também há outros que as distinguem umas das outras, cada uma tendo especificidades que lhe conferem autonomia dogmática. A perda de bens, tal qual está configurado nos artigos 110.º a 112.º, do CP, constitui, pois, uma sanção criminal autónoma dentro daquelas que integram as consequências jurídicas dos factos criminais, devendo, consequentemente, ser considerada uma verdadeira medida "de espécie única" (*sui generis*) ou, como foi dito já há mais de uma década por Pedro Caeiro, "[u]m *tertium genus* dentro da panóplia das reacções penais"[198].

De igual forma, apesar das diferenças existentes entre os regimes da perda de instrumentos e da perda de vantagens, não se considera haver interesse em adoptar uma perspectiva dualista quanto à caracterização dogmático-jurídica da perda de instrumentos, por um lado, e da perda de vantagens, por outro lado. O confisco de instrumentos, em termos conceptuais, até estará mais próximo das medidas de segurança do que das penas, pois apenas opera, alheio a quaisquer finalidades repressivas ou punitivas, perante situações em que se verifica um determinado perigo típico e na medida do necessário para remover esse perigo. Por sua vez, o confisco de vantagens, por não pressupor a existência de uma qualquer situação de perigo para bens jurídicos protegidos e, em certos casos, poder determinar perdas patrimoniais avultadas que só indirectamente se relacionam com o facto ilícito, poderá ser visto como mais próximo das penas do que das medidas de segurança. No entanto, tendo-se já concluído que a perigosidade pressuposta para o decretamento da perda de instrumentos não é a mesma que fundamenta a aplicação de medidas de segurança e que não está subjacente à perda de vantagens qualquer função punitiva, entende-se que procurar equiparar qualquer das modalidades do confisco à figura da medida de segurança ou da pena, ainda que de forma contraposta, constitui um exercício teórico desprovido de qualquer utilidade. Mesmo obedecendo a diferentes pressupostos consoante incida sobre instrumentos ou sobre vantagens, o confisco caracteriza-se

[198] Cf. nota 178.

sempre por se tratar de uma sanção patrimonial (incidente sobre bens que favorecem a prática de crimes ou, então, sobre bens que foram obtidos devido a práticas criminosas) que cumpre uma função específica de combate ao crime (distinta daquelas que são cumpridas pelas medidas de segurança e pelas penas) e que, em qualquer das suas modalidades, se concretiza através da captura de bens que têm em comum o facto de estarem relacionados com a prática de um facto ilícito-típico.

4.3. Consequências jurídico-processuais

Tomada posição quanto ao enquadramento dogmático do instituto da perda de bens regulado no nosso Código Penal, mostra-se possível estabelecer quais os princípios gerais a que obedece a sua disciplina legal e que regem ao nível do seu funcionamento prático.

Assim, desde logo há que considerar que, por estarmos perante uma figura sancionatória de Direito Público susceptível de atingir direitos e interesses legalmente protegidos dos cidadãos, a perda de bens inclui-se na reserva da função jurisdicional que, face ao disposto no artigo 202.º da CRP, se encontra atribuída aos tribunais, sendo certo ainda que a competência para dirimir as questões relativas à sua aplicação, atenta a natureza criminal da matéria, pertence aos tribunais judiciais com jurisdição penal (cf. artigos 2.º, 40.º 54.º, 73.º, 80.º, 118.º, 119.º, 130.º, todos da LOSJ)[199]. Concomitantemente, uma vez que o confisco, mesmo não desempenhando uma função punitiva, prossegue finalidades de segurança pública e de combate ao crime que autorizam que a situação jurídico-patrimonial das pessoas visadas seja alterada, forçoso é que esteja sujeito ao princípio da legalidade da intervenção penal (*nullum crimen, nulla poena sine lege*) e a todos os demais princípios e garantias constitucionais próprios do Direito e do Processo Criminais, genericamente previstos nos artigos 29.º e 32.º da CRP, bem como às vinculações impostas pelo estatuído no

[199] Neste mesmo sentido, *vide* o Ac. STJ de 2/02/2022 [Processo n.º 3519/16.8T8LLE.E1.S1] (<URL: http://www.dgsi.pt>).

artigo 18.º, n.º 2, da CRP [200]. Por isso, a perda de bens, obedece, desde logo, aos seguintes princípios: [201]

- princípio da reserva de lei: não pode haver confisco que não resulte de uma lei geral e abstracta que defina os seus pressupostos e as condições em que deve ser aplicado;
- princípio da tipicidade: não podem ser aplicadas medidas de confisco que não estejam expressamente previstas em lei anterior;
- princípio da determinabilidade do tipo legal: os requisitos de que depende a aplicação, em concreto, de uma medida de confisco devem estar descritos na lei de uma forma que permita a determinação objectiva e certa das situações de facto que podem levar a que um cidadão perca a titularidade dos respectivos bens;
- princípio da proibição da analogia: não é permitido o recurso à analogia para qualificar um objecto como instrumento, produto ou vantagem de facto ilícito-típico, ou para declarar a perda do mesmo a favor do Estado;
- princípio da não retroactividade: a lei não pode dar relevância a factos passados para declarar a perda a favor do Estado de instrumentos, produtos ou vantagens de factos ilícitos-típicos, nem podem ser aplicadas medidas de confisco mais graves do que as previstas no momento da verificação dos respectivos pressupostos;
- princípio da aplicação retroactiva da lei mais favorável: a lei que estabeleça medidas de confisco menos severas aplica-se aos factos passados;

[200] Como explicam Gomes Canotilho e Vital Moreira, embora a Constituição se refira apenas a leis restritivas de direitos, liberdades e garantias, inclui-se no âmbito da norma constitucional as designadas 'intervenções restritivas', ou seja, os "[a]ctos ou actuações das autoridades públicas restritivamente incidentes, de modo concreto e imediato, sobre um direito, liberdade e garantia ou direito de natureza análoga" – *Constituição da República Portuguesa Anotada*, vol. I, 4.ª ed., p. 388.

[201] Para mais desenvolvimentos sobre o sentido e o alcance das regras gerais que, de seguida, vão ser enunciadas, *vide*, muito particularmente quanto aos diversos planos em que se desdobra o princípio da legalidade da intervenção penal, Figueiredo Dias, *Direito Penal, Parte Geral*, I, pp. 209 – 241, bem como, de uma forma geral, Gomes Canotilho e Vital Moreira, *Constituição da República*, I, cit., pp. 388 – 396 e 493 – 498.

- princípio da proibição do *ne bis in idem*: ninguém pode ser afectado por medidas de confisco mais do que uma vez por causa dos mesmos factos.
- princípio da proporcionalidade: as medidas de confisco devem revelar-se concretamente adequadas e necessárias para a prossecução dos fins visados pelo regime da perda de bens e, em caso algum, devem exceder a medida daquilo que for necessário para cumprir esses fins.

Para além destes princípios materiais, aplicam-se à perda de bens as garantias de defesa próprias do Processo Criminal, particularmente relevantes não só para quem, sendo já sujeito processual, possui interesses patrimoniais que podem ser afectados pelo confisco, como, de forma ainda mais intensa, para os terceiros que são titulares de bens visados pelo procedimento confiscatório. Todos eles, como também decorre do disposto no artigo 32.º, n.º 10, da CRP, devem beneficiar de condições para, face à actividade sancionatória desencadeada pelo Estado, defenderem adequadamente a sua situação patrimonial e económica, o que reclama, sob pena de se estabelecer uma desproporcionalidade de forças inadmissível num Estado de Direito democrático, que lhe sejam garantidos os princípios basilares de defesa que a Constituição atribui aos arguidos.

Um desses princípios estruturantes do direito de defesa que assiste a todos os cidadãos que se confrontam com procedimentos sancionatórios públicos é o da presunção de inocência, consagrado no n.º 2 do artigo 32.º da CRP. Sendo hoje em dia inequívoco que este princípio não constitui um instrumento meramente destinado a preservar a dignidade ético-jurídica da pessoa que pode vir a ser afectada pela intervenção sancionatória do Estado, antes se tratando de um limite a esta intervenção que também opera perante institutos que não pressupõem a formulação de qualquer juízo de culpa (*v. g.*, medidas de segurança ou pressupostos processuais), a sua aplicação em sede de perda de bens visa assegurar a tutela efectiva dos direitos e interesses subjectivos da pessoa que pode vir a ser afectada pelo confisco, garantindo-se-lhe que não seja privada da titularidade de bens sem que, previamente, seja feita prova positiva dos requisitos estabelecidos na lei para que tal aconteça, exactamente como acontece quando está em causa uma condenação criminal. Por isso, nesta sede, a aplicação do princípio da presunção de inocência importa, essencialmente, a proibição da inversão do ónus da prova em desfavor do titular dos bens cuja perda pode vir a ser decretada. Toda a aquisição probatória a efectuar durante o procedimento está sujeita a exigências idênticas às do processo criminal e, por isso, o ónus da prova dos pressupostos necessários para a declaração da perda de bens deve incidir, sem qualquer inversão, sobre quem impulsiona o procedimento. De igual forma, não se mostra admissível o recurso a presunções legais para estabelecer ligações probatórias entre factos[202].

A garantia dos direitos subjectivos de quem é visado pelo procedimento de confisco postula, ainda, que se apliquem à perda de bens os outros princípios gerais do processo criminal, como é o caso do princípio do acusatório e o princípio *in dubio pro reo*. Este último, funda-se directamente no princípio da presunção de inocência e pode ser traduzido, no âmbito do confisco, pela imposição de que, sempre que se instaurar uma dúvida sobre a verificação dos pressupostos necessários para o decretamento da perda de algum bem, esse estado de incerteza seja decidido da forma que for mais favorável ao destinatário da sanção[203].

Quanto ao princípio do acusatório, consagrado na primeira parte do n.º 5 do artigo 32.º da CRP, o mesmo, acima de tudo, postula que, para

[202] Pressupondo a perda, antes de mais, a demonstração da existência de um facto ilícito-típico e, no caso da perda de instrumentos, a verificação de requisitos atinentes à perigosidade dos bens ou, no caso da perda de vantagens, a prova de que a infracção típica proporcionou benefícios, poder-se-ia conceber que a proibição de inversão do ónus da prova apenas se aplicasse ao nível da demonstração desse conjunto de pressupostos, admitindo-se já o uso de presunções legais para se estabelecer a ligação entre os bens concretos objecto de confisco e o facto ilícito de base. Essa foi a via que foi explorada através da criação, entre nós, do regime especial de perda de bens que está previsto na Lei n.º 5/2002, de 11-01. Todavia, caso passo idêntico fosse dado ao nível da regulação da perda de bens constante do Código Penal, o modelo clássico de confisco passaria, no essencial, a guiar-se pelos mesmos princípios do aludido regime especial e, nesse contexto de clara sobreposição de regimes legais, deixaria de fazer sentido a sua manutenção como instituto jurídico autónomo.

[203] Como referem Gomes Canotilho e Vital Moreira, o princípio *in dubio pro reo* "[a]lém de ser uma garantia subjectiva (...) é também uma imposição dirigida ao juiz no sentido de este se pronunciar de forma favorável ao réu, quando não tiver a certeza sobre os factos decisivos para a solução da causa" – *Constituição da República*, I, cit., p. 519.

garantia da realização de um julgamento independente e imparcial, haja uma clara separação entre o órgão acusador, a quem compete definir o objecto do processo, e o órgão a quem compete proceder ao julgamento do processo, decidindo sobre a verificação ou não dos factos da acusação e sobre as consequências jurídico-sancionatórias a extrair da factualidade provada [204]. Por isso, idealmente, a acusação deve indicar toda a factualidade de que depende a aplicação de sanções jurídicas, bem como precisar quais as sanções em que incorre a pessoa contra quem é dirigida a imputação acusatória [205].

Como, porém, a Constituição apenas exige que o processo possua estrutura acusatória, considera-se que o princípio do acusatório só é irremediavelmente colocado em causa quando o julgador introduz no processo factos que não se incluem no quadro factual definido na acusação e que são necessários para a aplicação de sanções, dessa forma violando a sua posição de independência e de distanciamento em relação à sorte da causa. Tal não sucedendo, não se encontra totalmente vedada a possibilidade de, ao nível do julgamento, serem considerados alguns factos diferentes daqueles que estão referidos na acusação, desde que daí não decorra uma alteração substancial da factualidade acusatória e, também, desde que a possibilidade de esses factos virem a ser considerados seja comunicado à pessoa visada pelo processo e se dê a esta a oportunidade de, quanto a eles, exercer a sua defesa [206]. Do mesmo modo, porque a defesa se exerce, acima de tudo, em relação à factualidade acusatória e o julgador é livre de proceder à qualificação jurídica dos factos que consi-

[204] Nas palavras de Gomes Canotilho e Vital Moreira, o princípio do acusatório significa, essencialmente, "[q]ue só se pode ser julgado por um crime por um órgão distinto do julgador, sendo a acusação condição e limite do julgamento" – *Constituição da República*, I, cit., p. 522.

[205] Nesta conformidade, impõe a nossa legislação processual penal que, sob pena de nulidade, a acusação deduzida pelo Ministério Público contenha, entre o mais, a narração, ainda que sintética, dos factos que fundamentam a aplicação ao arguido de uma pena ou de uma medida de segurança, bem como a indicação das disposições legais aplicáveis (artigo 283.º, n.º 3, al. *c)*, do CPP), exigências estas que são extensivas às acusações feitas pelo assistente (artigos 284.º, n.º 2 e 285.º, n.º 3, do CPP) e, ainda, quando se procede a instrução, aos despachos de pronúncia (artigo 308.º, n.º 2, do CPP).

[206] Cf. artigo 358.º, n.º 1, do CPP.

dere ser a mais correcta, também não será absolutamente inadmissível, face ao princípio do acusatório, que somente numa fase posterior à da acusação é que seja dada a conhecer a quem é visado pelo procedimento sancionatório, para efeitos de contraditoriedade e defesa, qual a coloração jurídica dos factos que poderá vir a ser considerada e quais as concretas sanções em que incorre [207]. Desta forma, no que ao confisco diz respeito, constatando-se que na nossa legislação processual penal não existe norma que determine a obrigatoriedade de a acusação conter todos os elementos de facto e de direito necessários para o decretamento da perda de bens, perfilha-se do entendimento de que, sem prejuízo do poder-dever do Ministério Público indicar tais elementos na peça acusatória[208], não se encontra vedada a possibilidade de o juiz, durante a fase do julgamento, comunicar aos sujeitos processuais a possibilidade de, face ao quadro factual definido pelo Ministério Público, vir a decretar oficiosamente a perda de determinados bens, como pode acontecer, designadamente, quando lhe incumbe dar destino a objectos que se encontrem apreendidos (cf. artigo 374.°, n.° 3, al. *c)*, do CPP). Apenas se verificará uma inconstitucionalidade, por violação do princípio do acusatório, se a perda se basear em factos introduzidos no processo pelo julgador ou, então, por violação do princípio do contraditório (igualmente consignado no n.° 5 do artigo 32.° da CRP), se a perda for decretada sem que, previamente, se comunique a possibilidade de confisco ao titular dos bens e se confira ao mesmo a oportunidade de, quanto a tal, se defender.

Para finalizar, refira-se que todas as garantias constitucionais que se aplicam em sede de perda de bens, como as já enunciadas, recolhem enquadramento, em termos amplos, no princípio da legalidade do processo – segundo o qual a aplicação de medidas sancionatórias só pode ter lugar em conformidade com as disposições do Código do Processo Penal (cf. artigo 2.° do CPP) – e têm sempre que ser articuladas com a necessá-

[207] *Vide* artigo 358.°, n.° 3, do CPP e, entre outros, o Assento do STJ n.° 2/93 (*DR* n.° 58/1993, Série I-A, de 10-03-1993, pp. 1105 – 1112) e o Ac. do STJ para uniformização de jurisprudência n.° 7/2008 (*DR* n.° 146/2008, Série I de 30-07-2008, pp. 5138 – 5145).

[208] Neste sentido: Conde Correia, *Da Proibição do Confisco*, cit., pp. 128, 131, 134 – 136; Cura Mariano, *«A perda de bens de terceiro»*, cit., p. 175; Cruz Bucho, *«A transposição da diretiva 2014/42/UE»*, cit., p. 251.

ria observância dos princípios gerais da prossecução processual[209]. Daqui emerge o reconhecimento à pessoa que possa vir a ser afectada pelo confisco, em qualquer fase do processo, de um conjunto alargado de direitos de informação, audição, intervenção processual e contraditoriedade, fundamentais para o cabal exercício da sua defesa em relação à actividade sancionatória em curso[210]. Nesse leque de garantias, incluem-se os direitos de acesso ao Direito, de informação jurídica, de constituição de advogado e de intervenção, com igualdade de armas, no procedimento (*vide* artigos 20.º, n.ºs 1, 2, 4 e 5, e 32.º, n.ºs 3 e 10, da CRP). De igual modo, incluem-se nessas garantias de defesa o direito à fundamentação das decisões e o direito ao recurso (*vide* artigos 20.º e 32.º, n.ºs 1 e 10, da CRP, e artigos 97.º, n.º 5, 399.º e 401.º, n.º 1, al. *d)*, do CPP). No âmbito dos recursos de decisões de confisco, será de aplicar também o princípio da proibição da *reformatio in pejus* consagrado no artigo 409.º do CPP, o qual constitui um princípio garantístico fundamental para, num processo com estrutura (basicamente) acusatória que se pretende equitativo, assegurar a efectividade do direito de defesa dos cidadãos, não apenas pelo efeito-surpresa que a agravação das sanções constantes da decisão recorrida poderia provocar (situação que, com relativa facilidade, poderia ser obviada no âmbito do próprio recurso), mas, principalmente, porque a possibilidade de agravação da posição do destinatário da sanção constituiria um factor condicionador do livre exercício do direito ao recurso

[209] Sobre esta matéria, *vide* Maria João Antunes, *Direito Processual Penal*, 2.ª ed., pp. 69 - 74 e 78 - 80.

[210] A necessidade de reforçar a efectiva tutela dos direitos subjectivos do titular de bens visados por procedimentos de confisco motivou a introdução de diversas alterações ao CPP pela Lei n.º 30/2017, de 30-05, entre as quais se podem destacar a reformulação da redacção do artigo 178.º (com especial realce para a adopção da actual redacção dos seus n.ºs 7 a 12), e o aditamento do artigo 347.º-A. Ainda assim, continua a haver insuficiências ao nível da regulamentação da forma como o titular de direitos susceptíveis de serem afectados pelo confisco pode exercer os seus direitos, problema que leva Cura Mariano a reclamar uma intervenção urgente do legislador e a propor que, até lá, o julgador efectue "[u]m exercício hábil de integração e adaptação das regras processuais existentes" com recurso à "[u]tilização das regras previstas para a intervenção do demandado civil no processo penal" - «*A perda de bens de terceiro*», cit., pp. 175 - 178. No mesmo sentido, Cruz Bucho, «*A transposição da diretiva 2014/42/UE*», cit., pp. 231 - 232 e 235 - 238.

por parte de quem se confronta com a necessidade de defender os seus direitos e interesses face a procedimentos sancionatórios públicos[211].

Em caso de confisco injusto, a pessoa afectada tem ainda direito, tal como todos os cidadãos injustamente condenados, à revisão da decisão que decretou a perda, bem como à indemnização por danos patrimoniais e não patrimoniais sofridos (cf. artigo 29.º, n.º 6, da CRP).

[211] Cf., neste sentido, Jorge Dias Duarte, «Proibição de "reformatio in pejus", Consequências processuais», *Maia Jurídica*, Ano I, n.º 2, e Damião da Cunha, *O Caso Julgado Parcial – Questão da Culpabilidade e Questão da Sanção num Processo de Estrutura Acusatória*, pp. 654-658, local onde o autor chama a atenção para que, não obstante a inclusão sistemática da norma do artigo 409.º do CPP no regime dos recursos, a proibição da *reformatio in pejus* é um princípio geral de um "[p]rocesso que garante todos os direitos de defesa face a uma acusação que define os limites do tema em discussão". Na jurisprudência, *vide* os acórdãos do Tribunal Constitucional n.ºs 499/97, 498/98, 291/2000 e 236/2007 (<URL: https://www.tribunalconstitucional.pt>), bem como os acórdãos do STJ de 13.07.2017 [Processo n.º 240/12.0PCSTB.S1], de 24.10.2012 [Processo n.º 1584/09.3PBSNT.L2.S1], de 16/05/2018, [Processo n.º 886/13.9TAVCD.S1] e de 14/09/2011 [Processo n.º 138/08.6TALRA.C1.S1] (<URL: http://www.dgsi.pt>).

5.
Os pressupostos operativos da perda de instrumentos, produtos e vantagens

5.1. A perda de instrumentos

Quatro décadas depois da aprovação do Código Penal actualmente vigente em Portugal, a matéria da perda de instrumentos é, de entre as demais atinentes ao confisco de bens relacionados com actividades criminosas, aquela que sofreu menos alterações, pois, ressalvada a novidade que foi a introdução em 2017 do actual n.º 3 do artigo 109.º do CP, sempre se manteve no texto legal não só a definição dos bens que devem ser considerados instrumentos (todos os objectos que tiverem servido ou estiverem destinados a servir para a prática de factos ilícitos-típicos), como também os requisitos da declaração da sua perda (o confisco só deve ser declarado quando os instrumentos, pela sua natureza ou pelas circunstâncias do caso, puserem em perigo a segurança das pessoas, a moral ou a ordem pública ou oferecerem sério risco de serem utilizados para o cometimento de novos factos ilícitos tipificados legalmente como crime).

Quanto à definição legal de instrumentos, resulta do disposto no artigo 109.º, n.º 1, do CP que os mesmos têm de se tratar de objectos que *serviram ou estavam destinados a servir* para a prática de um facto ilícito-típico. Assim, apesar de, necessariamente, ter de haver uma conexão entre os objectos em causa e uma determinada infracção criminosa, não é necessário para a declaração da perda que esta se tenha consumado, bastando que já se tenha iniciado a execução de um facto criminoso no qual o agente perspective utilizar o objecto em causa, mesmo que este nunca chegue a ser usado. Não é suficiente, porém, que apenas estejam em curso actos preparatórios do crime cogitado pelo agente, pois, nesse caso, os factos praticados ainda não atingiram o patamar a partir do qual, segundo a nossa lei, emerge um perigo para o bem jurídico tutelado pela norma incriminadora que justifica a intervenção do Direito Penal e, logo, ainda não se pode estabelecer uma conexão efectiva entre qualquer objecto/instrumento e determinado delito. Esta conexão apenas pode existir quando a actividade tendente à prática de um crime tenha atingido, pelo menos, o estádio da tentativa [212], sendo certo que, dada a autonomia da perda em relação à pena criminal e porque o confisco apenas pressupõe que tenha sido cometido um facto ilícito-típico, nem sequer importa se a tentativa em causa é ou não punível (artigo 23.º do CP).

Da definição legal de instrumento resulta, ainda, que o objecto alvo de confisco tem de se tratar de um bem que tivesse sido ou estivesse destinado a ser utilizado no cometimento de um facto ilícito-típico, o que implica, portanto, que as utilidades do objecto tivessem sido ou estivessem destinadas a ser afectadas à realização do facto [213]. Por isso, não devem ser considerados instrumentos os objectos que, ainda que sejam usados pelos agentes infractores aquando da actuação ilícita, nenhum contributo concreto emprestam para a realização do facto típico [214]. O contributo do objecto pode não ser decisivo ou essencial para o cometimento do delito, mas terá sempre que constituir um auxílio, uma ajuda, algo que facilite a execução de um crime ou a consolidação do seu resultado [215/216], ou que (quando o objecto destinado à actividade ilícita não chega a ser utilizado) poderia facilitar a prática criminosa[216].

[212] No mesmo sentido, CONDE CORREIA, *Da Proibição do Confisco*, p. 70.

[213] São exemplos de instrumentos de facto ilícito-típico a espingarda usada para cometer um homicídio, o veículo utilizado para raptar uma pessoa, a impressora com que foi contrafeito um documento ou a mala na qual foi transportada droga.

[214] A este propósito, HÉLIO R. RODRIGUES fala na "[d]istinção elementar entre os objectos que são utilizados 'por ocasião' da prática do facto ilícito, daqueles outros que são utilizados 'na execução' (ou para a execução) do delito, numa relação de meios tendentes a obter determinado resultado." – «Perda de bens no crime de tráfico de estupefacientes, harmonização dos diferentes regimes jurídicos aplicáveis», *RMP*, n.º 134, p. 196.

[215] *V. g.*, o sapato onde o traficante esconde a droga que transacciona ou o capuz usado por um assaltante para encobrir a sua identidade.

[216] Neste mesmo sentido, HÉLIO R. RODRIGUES e CARLOS A. REIS RODRIGUES referem que a facilitação pode estar relacionada "[c]om factores não essenciais, como sejam, a diminuição substancial de tempo na execução do facto ou a propagação geográfica dos efeitos do facto ilícito-típico." – *Recuperação de Activos na Criminalidade Económico-Financeira*, cit., p. 179.

Apesar de a referência a 'objectos' inculcar uma ideia de tangibilidade, o conceito de instrumentos abrange tanto as coisas tangíveis (móveis ou imóveis) como as coisas cuja materialidade não é captável pelos sentidos (*v. g.*, a electricidade ou o oxigénio), sendo admissível, por isso, o confisco de todas as realidades que tenham existência corpórea. Para além disso, considera-se que, em abstracto, não se deve excluir a possibilidade de ser declarada a perda de coisas incorpóreas[218], pois é concebível que, em certos casos, sejam utilizados para cometer factos ilícitos-típicos direitos ou bens que mais não são do que criações intelectuais do espírito humano[219].

Ainda ao nível da definição do conceito de 'instrumentos de facto ilícito-típico', é bastante controvertida a questão de saber se, de entre o conjunto de objectos que favorecem a prática de factos ilícitos, devem ser distinguidos os objectos cuja utilização ou presença constitui já um dos pressupostos do tipo de crime preenchido pela conduta do agente, excluindo-se que estes últimos possam ser confiscados ao abrigo do disposto no artigo 109.º do CP. Esta posição restritiva foi já preconizada em alguns arestos dos nossos tribunais[220] e corresponde à visão que autores prestigiados como Jescheck e Thomas Weigund defendem tendo

[217] Esta última situação tanto pode ocorrer quando a execução do facto ilícito-típico não ultrapassa a fase da tentativa, como quando, apesar de o facto ter sido consumado, surgem circunstâncias que levam a que o objecto não seja utilizado. Com efeito, se, por exemplo, pode haver lugar à perda do veículo destinado à fuga dos assaltantes de uma ourivesaria quando, ainda antes da fuga, os assaltantes são detidos, por maioria de razão, ter-se-á de admitir a possibilidade de o mesmo veículo ser declarado perdido a favor do Estado quando os assaltantes, por qualquer motivo surgido durante a execução do crime, resolvem fugir do local, com sucesso, por outro meio.

[218] Cf., nesse sentido, Jescheck e Thomas Weigend, *Tratado de Derecho Penal*, cit., p. 857.

[219] Como pode acontecer, por exemplo, quando alguém usa programas informáticos para cometer uma burla, quando o titular de um alvará para o exercício de actividades turísticas organiza uma viagem para fins de turismo sexual com menores (artigo 176.º-B do CP), ou, até (caso se sustente não ser inconstitucional suspender, ainda que temporariamente, determinados direitos fundamentais dos cidadãos), quando alguém faz uso do seu direito de associação para constituir uma organização que incentiva ou encoraja ao ódio ou à violência (artigo 240.º, n.º 1, do CP), ou quando o direito de voto é usado de forma fraudulenta (artigo 339.º, n.º 1, do CP).

[220] *Vide* Ac. RL 31-03-2004 (Pr. 903/2004-3 <URL: https://www.dgsi.pt>) e Ac. RP 9-11-2016 (Pr. 64/16.5GBAMT.P1 <URL: https://www.dgsi.pt>).

como base o Código Penal alemão, utilizando como exemplo de bens não abrangidos pelo confisco penal o veículo automóvel usado na prática de um crime de condução sem habilitação legal ou as armas ilegalmente detidas por quem não possui licença para tal[221]. O argumento principal utilizado para sustentar que, nestes casos, os bens não devem ser declarados perdidos a favor do Estado à luz do regime do Código Penal (sem prejuízo de o poderem ser ao abrigo de disposições especiais eventualmente existentes) é que a ligação funcional que deve existir sempre entre um objecto e a prática de um facto ilícito-típico deixa de existir quando a utilização do objecto integra a descrição típica do facto ilícito cometido; quando isso acontece, o objecto não é *instrumento* do facto, mas, sim, *elemento* do facto.

Reconhecemos a pertinência do argumento, pois o conceito de instrumento, implicando que um determinado objecto seja afectado ao cometimento de um facto, encerra uma ideia de exterioridade do objecto em relação ao facto. Ainda assim, consideramos que a circunstância de o preenchimento de um determinado tipo criminal pressupor a utilização de determinados bens (um veículo automóvel, uma arma, um cartão bancário, *etc.*) não exclui que o objecto utilizado em concreto quando esse tipo de crime é preenchido seja considerado instrumento do crime, pelo menos quando existem diversos outros objectos que podiam ser utilizados para o cometimento do facto ilícito. É que, quando assim acontece, o facto ilícito-típico, ainda que possa pressupor a utilização de determinada categoria ou espécie de objectos, não pressupõe o uso do específico objecto que facilitou o facto e, por isso, este sempre deve ser considerado como um meio que, não sendo pressuposto ou elemento do facto, serviu para a prática da infracção. Consequentemente, dada a clara ligação funcional entre esse objecto perfeitamente individualizado e um determinado delito que pode ser cometido com o uso de diversos outros objectos (ainda que da mesma espécie daquele), o mesmo deve ser classificado como um verdadeiro instrumento da infracção criminosa e, logo,

[221] *Tratado del Derecho Penal*, cit., pp. 857 – 858.

nenhum impedimento há a que possa ser declarado perdido a favor do Estado[222].

No que diz respeito aos requisitos para que seja declarado o confisco de um determinado objecto que deva ser considerado instrumento de um facto ilícito-típico, resulta do artigo 109.º do CP que é necessário que o mesmo, pela sua natureza ou pelas circunstâncias do caso, represente um risco sério para o cometimento de novos factos ilícitos-típicos ou, de uma forma geral, constitua uma ameaça para a segurança das pessoas, a moral ou a ordem públicas. Subjacente a estas condições está a ideia de impedir que um certo bem que já foi utilizado de forma socialmente danosa continue a representar um perigo para a sociedade, seja pela possibilidade de voltar a ser utilizado em práticas criminosas (que tanto podem ser, como não, da mesma espécie das anteriores), seja pelo facto de a manutenção da sua circulação na comunidade comprometer a segurança dos cidadãos ou perturbar a ordem social. Conforme decorre, contudo, da aplicação em sede de confisco do princípio geral da proporcionalidade, não devem ser declarados perdidos a favor do Estado todos os objectos cuja aptidão para a prática de factos ilícitos-típicos já foi demonstrada pela utilização que anteriormente lhe foi dada, mas apenas daqueles cuja manutenção na disponibilidade dos cidadãos envolva um nível de perigosidade relevante. Não basta a existência de um qualquer risco de os mesmos serem reutilizados no cometimento de infracções criminosas, nem que eles representem um perigo para a segurança pública meramente abstracto ou hipotético; é necessário que esse risco ou esse perigo sejam sérios, ou seja, que tenham uma expressão que justifique a aplicação de uma medida restritiva de direitos como é a perda de bens.

Por outro lado, o facto de o n.º 1 do artigo 109.º do CP estabelecer que a perigosidade dos instrumentos deve decorrer da sua natureza *ou* das circunstâncias do caso não afasta que, antes de tudo o mais, a perigosidade exigida para a perda se funde no próprio objecto. O confisco, por definição, tem uma componente *objectiva* e, por isso, a avaliação do risco

[222] No mesmo sentido, admitindo a perda de veículos automóveis usados na prática de crimes de condução perigosa de veículo rodoviário, de condução de veículo em estado de embriaguez e de condução sem habilitação legal, Germano Marques da Silva – *Crimes Rodoviários, Pena Acessória e Medidas de Segurança*, p. 39.

de um determinado objecto voltar a ser usado em práticas criminosas não se pode fundar unicamente em valorações sobre a personalidade do respectivo titular, nem a avaliação sobre a forma como a circulação comunitária do objecto afecta a moral ou a ordem públicas pode basear-se em considerações relacionadas unicamente com o alarme social causado pela manutenção na posse do criminoso de um objecto que foi utilizado na prática de um facto ilícito-típico [223]. Todavia, também não é possível fundar a perda de bens apenas e só nas características dos objectos que foram utilizados na prática de infracções criminais. É certo que a perda não deve abranger coisas de uso comum que não apresentem características intrínsecas que lhe confiram qualquer especial vocação para o cometimento de crimes [224]; não obstante, como a maior ou menor aptidão de um objecto para a prática de crimes depende sempre do tipo de infracção criminal intentada, o juízo que deve ser feito sobre a perigosidade de cada coisa não pode deixar de atender, não só àquelas que são as suas características, como também às demais circunstâncias que, em cada caso, podem fazer diminuir ou elevar o risco de a mesma vir a ser utilizada em novas práticas criminais [225]. Em suma, para se decidir sobre o confisco de um determinado instrumento de facto ilícito-típico, jamais se pode prescindir da formulação de um juízo global que atenda tanto às suas características objectivas, como às circunstâncias em que o mesmo foi utilizado. Nem a avaliação da perigosidade decorrente da natureza de um objecto pode desconsiderar as circunstâncias do caso; nem o juízo sobre a

[223] Desta forma, apesar de na actual redacção do artigo 109.º do CP a conjunção alternativa "ou" continuar a mediar entre "natureza" e "circunstâncias do caso", considera-se que permanece actual a doutrina que, quanto a esta questão, sempre foi defendida por Figueiredo Dias e que motivou acesa discussão no seio da comissão que preparou a revisão do Código Penal de 1995 (*vide* nota 143).

[224] Com base neste critério, Figueiredo Dias afasta, por exemplo, que seja declarada "[a] perda da *caneta* com que foi falsificado um documento, ou do automóvel (ou da residência!) onde foi praticada uma violação", admitindo, diferentemente, que haja lugar à perda da arma com que foi praticado o homicídio ou dos cunhos com que foi contrafeita moeda – *Direito Penal, As consequências jurídicas do crime*, cit., p. 621.

[225] *V.g.*, considera-se que, à luz do disposto no nosso Código Penal, o juízo sobre a perigosidade criminal de um certo automóvel pode variar consoante o mesmo tenha sido utilizado na prática de uma violação ou no cometimento de um crime de circulação perigosa de veículo rodoviário.

perigosidade de um objecto que seja evidenciado pelas circunstâncias do caso pode deixar de considerar qual a natureza do objecto.

A propósito da perigosidade dos instrumentos de factos ilícitos-típicos, afigura-se pertinente deixar aqui algumas linhas sobre uma questão polémica que vem dividindo a nossa doutrina. Na esteira da posição expressa por FIGUEIREDO DIAS quando ainda estava em vigor a versão original do Código Penal, diversos autores afastam que, na prática, se possa proceder ao confisco de coisas incorpóreas que tenham sido utilizadas em práticas delituosas [226]. O argumento fundamental é o de que apenas as coisas corpóreas se podem revelar criminalmente perigosas [227]. CONDE CORREIA considera, no entanto, que esta posição está desactualizada, sustentando, depois de dar o exemplo do programa informático utilizado para burlar outrem, que "[é] evidente que as coisas incorpóreas também podem ser perigosas e, como tal, devem ser subtraídas ao poder do arguido" [228]. Afigura-se, porém, que os contornos do problema são algo mais complexos, conforme se passará de imediato a explicar.

Em abstracto, é possível conceber que o Estado, perante uma situação em que alguém faz uso de uma coisa que não pertence ao mundo material para cometer um facto ilícito-típico, diligencie por confiscar a titularidade do bem em causa. Contudo, sendo o bem um produto intelectual (artístico, literário, industrial ou, como é o caso dos programas informáticos, técnico-científico), há que considerar que o mesmo apenas passa verdadeiramente a existir enquanto coisa quando, após a criação, se objectiva e se torna uma realidade autónoma do seu criador, suscep-

[226] FIGUEIREDO DIAS, *Direito Penal, As consequências jurídicas do crime*, cit., p. 617; GERMANO MARQUES DA SILVA, *Direito Penal Português, Parte Geral – Teoria das Penas e das Medidas de Segurança*, p. 182; MIGUEZ GARCIA e CASTELA RIO, *Código Penal, Parte Geral e Especial – com notas e comentários*, 3.ª ed., p. 506.

[227] FIGUEIREDO DIAS, depois de enfocar que os direitos, em si mesmo, não são perigosos, afirma: "[p]erigoso já pode ser, naturalmente, o exercício de certos direitos na titularidade de certas pessoas; mas a isso, como vimos, acorrem as penas acessórias (...), assim como as medidas segurança de interdição (...), não o instituto da perda. Sob pena, de outra forma, de uma inadmissível sobreposição de institutos." – *Direito Penal, As consequências jurídicas do crime*, cit., p. 617.

[228] *Da Proibição do Confisco*, cit., pp. 67 – 68 (nota 106).

tível de, enquanto unidade individualizada, ser transmitida e usufruída por outrem. Só que, para que isso aconteça, é necessário que a criação intelectual se incorpore e fique guardada num determinado suporte, o qual tanto pode ser a unidade de armazenamento onde os dados que a compõem são gravados directamente ou de forma analógica (papel ou outro material natural, transformado ou sintético, tela, rolo fotográfico, película cinematográfica, disco fonográfico, cassete, videocassete, disco óptico [*CD*, *DVD*, *Blu-Ray*], *etc.*), como pode ser o ficheiro ou arquivo (*file*) onde tais dados (de texto, imagem, som ou vídeo) são inscritos, representados ou registados de forma digital e que, estando alojado numa unidade de memória electrónica permanente (disco rígido, *pen drive*, cartão de memória, computador, servidor ou qualquer outro meio ou dispositivo de armazenamento de dados electrónicos [229]), pode ser lido, escutado ou visionado através de programas informáticos. O próprio programa informático, enquanto obra intelectual, só é acessível a partir do momento em que o conjunto de dados que o formam esteja instalado num dispositivo de processamento de dados (*hardware*) ou, pelo menos, em que exista um ficheiro ou arquivo (alojado também numa memória electrónica permanente) com a forma executável do respectivo código fonte. Por isso, a perigosidade inerente à detenção ou à utilização de todo e qualquer bem intelectual, em rigor, apenas pode ser prevenida com a captura do suporte ou da unidade de arquivo onde o mesmo está incorporado e já não com a perda do produto intelectual propriamente dito. A remoção do perigo que pode ser assegurada pelo confisco postula, pois, que este não incida sobre uma coisa pertencente ao mundo incorpóreo, mas sim sobre um objecto que, independentemente de ter formato físico ou electrónico, pode ser, na sua substância, apreendido, transferido ou, até, destruído.

Por outro lado, o interesse que o Estado pode ter no confisco da titularidade de um bem intelectual que tenha sido usado para cometer um delito esbarra sempre no facto de, após a criação ser objectivada e difundida, ninguém mais possuir verdadeiro domínio sobre ela, no fundo, com

[229] O próprio sistema de armazenamento na designada "nuvem informática" mais não é do que uma tecnologia que permite o arquivo de dados informáticos em servidores de alta disponibilidade.

o facto de não existir um *direito real* sobre ela. Apesar de, essencialmente por motivos históricos, ainda se manter o uso do termo 'propriedade' a propósito dos direitos sobre obras intelectuais, em rigor, a lei não tutela qualquer direito de propriedade, mas apenas o direito autoral do criador e o direito à exclusividade do aproveitamento económico da obra [230]. Desta forma, a eventual declaração da perda da titularidade de um bem intelectual (*v. g.*, o já mencionado programa informático usado para o cometimento de uma burla) mais não determinará do que a captura do direito à exclusividade dos benefícios resultantes da sua exploração, não tendo a virtualidade de impedir a utilização do bem por quem já dispõe, legitimamente, da possibilidade de aceder ao seu conteúdo. Consequentemente, a declaração de perda, ainda que possível nos termos sobreditos, para além de incidir sobre um bem que, em si mesmo, não representa um perigo efectivo para a segurança pública ou para o cometimento de novos factos ilícitos-típicos, teria necessariamente natureza punitiva, o que, ainda que admissível noutros ordenamentos jurídicos, não se coaduna com as finalidades que presidem ao confisco regulado no Código Penal português.

Estabelecida a necessária conexão entre a utilização de um determinado objecto e um facto ilícito-típico que se tenha verificado e afirmada a perigosidade desse objecto, deve seguir-se a declaração da sua perda a favor do Estado. Ainda assim, dado que a perda de bens – como se concluiu a propósito da sua natureza jurídica – se rege por princípios de necessidade e proporcionalidade, o confisco não deve ser decretado se, em função das especificidades de cada caso, se concluir que a reversão do objecto para o Estado constitui uma medida demasiado dura. Deve,

[230] "[O]s direitos intelectuais são essencialmente direitos de exclusividade ou de monopólio. Reservam aos titulares a exclusividade da exploração, ao abrigo da concorrência. São frequentemente classificados como direitos de propriedade, particularmente nas modalidades de propriedade literária ou artística e propriedade industrial. Mas a qualificação nasceu no final do século XVIII e continua a existir com clara função ideológica, para cobrir a nudez crua do monopólio sobre o manto venerável da propriedade." – Oliveira Ascensão, «Direito Intelectual, Exclusivo e Liberdade», *ROA*, Ano 61, Vol. III (separata), p. 1196.

por isso, haver sempre uma ponderação entre, por um lado, a natureza e a gravidade do facto ilícito cometido e, por outro lado, o valor do bem visado pelo confisco, a sua singularidade ou dificuldade de substituição e, até, o grau da relevância que ele teve para o cometimento do facto, para se aferir se a perda constitui, no caso concreto, uma medida demasiado severa. Se tal acontecer, haverá uma desproporcionalidade sancionatória que, conforme princípio geral ínsito no artigo 18.º, n.º 2, da CRP, deve motivar que a perda não seja declarada[231].

5.2. A perda de produtos e de vantagens

5.2.1. Os produtos e as vantagens abrangidos pela perda

No artigo 110.º do CP encontra-se prevista a perda de produtos e de vantagens de factos ilícitos-típicos, definindo-se produtos como *todos os objectos que tiverem sido produzidos* pela prática de infracções de natureza criminal[232] e vantagens como *todas as coisas, direitos ou vantagens que constituam vantagem económica*, directa ou indirectamente resultante de infracções criminosas, para o agente ou para outrem.

No que diz respeito à perda de produtos, até à entrada em vigor da Lei n.º 30/2017, de 30-05, o nosso Código Penal sempre exigiu que, tal

[231] Neste sentido: Figueiredo Dias, *Direito Penal, As consequências jurídicas do crime*, cit., p. 629; Damião da Cunha, *Da perda de Objectos*, cit., p. 9; Pedro Caeiro, «*Sentido e função do instituto da perda de vantagens*», cit., p. 308; Conde Correia, *Da Proibição do Confisco*, cit., p. 71; Hélio R. Rodrigues e Carlos A. Reis Rodrigues, *Recuperação de Activos na Criminalidade Económico-Financeira*, cit., pp. 179 – 180; Miguez Garcia e Castela Rio, *Código Penal, Parte Geral e Especial*, cit., p. 506; Pinto de Albuquerque, *Comentário do Código Penal à Luz da Constituição da República e da Convenção Europeia dos Direitos do Homem*, p. 491.

[232] Desta forma, fica clarificado que o conceito de produto apenas abrange os objectos que, não pré-existindo ao facto ilícito, foram criados ou produzidos por este (Jescheck e Thomas Weigund definem-nos como os objectos cuja origem física ou cuja composição actual seja atribuível a um facto punível – *Tratado de Derecho Penal*, cit., p. 857), *v. g.*, o dinheiro falso, o documento falsificado ou a arma fabricada em violação das disposições legais ou regulamentares, não se incluindo já nesse conceito, por exemplo, os objectos furtados, os valores obtidos com uma burla ou o dinheiro recebido pela venda de droga, bens pré-existentes ao facto ilícito que foram alcançados ou adquiridos através deste (os quais devem ser considerados, sim, vantagens de facto ilícito-típico).

como acontece ao nível da perda de instrumentos, o confisco apenas incidisse sobre os objectos produzidos pela prática de facto ilícito-típico que pusessem em perigo a segurança das pessoas, a moral ou a ordem pública, ou oferecessem sério risco de serem utilizados para o cometimento de novos ilícitos criminais. Desde então, porém, passou a estar previsto na lei o confisco generalizado de todos os *producta sceleris*, opção legislativa que se mostra compreensível à luz da ideia de que, tal como sucede quando está em causa a eliminação de vantagens de factos ilícitos-típicos, o Estado não deve tolerar a perpetuação de estados patrimoniais originados por factos antijurídicos. Julga-se, de todo o modo, que, em determinadas situações, pode não se justificar a perda de certos produtos de infracções criminais, pois nem sempre o produto de um facto ilícito-típico valoriza o património do respectivo titular ou constitui uma vantagem para este, podendo inexistir qualquer interesse em reverter para o Estado a propriedade desse tipo de objectos, nomeadamente se nenhuma perigosidade resultar da sua circulação no meio comunitário. Por isso, atentos os princípios de proporcionalidade e de necessidade que regem em sede de confisco, não deve ser declarada a perda de bens que, apesar de se tratarem de objectos produzidos pela prática de um facto ilícito-típico, não representam qualquer ameaça para bens pessoais ou colectivos e, para além disso, nenhum valor ou utilidade têm para quem seja o respectivo titular[233].

Quanto à perda de vantagens, a nossa lei, através de uma formulação manifestamente infeliz[234], prevê o confisco de todos os benefícios económicos resultantes de factos ilícitos-típicos, conceito com sentido amplo[235] que pode ser integrado por coisas corpóreas (materiais ou

[233] Será esse o caso, por exemplo, de um documento de viagem falsificado com uma data de validade expirada, ou de uma moeda contrafeita de um modelo que tenha deixado já de estar em circulação.

[234] Pois, para se esclarecer o que deve ser considerado *vantagem de facto ilícito-típico*, faz-se uso na al. b) do n.º 1 do artigo 110.º do Código Penal, por duas vezes, da própria palavra ('vantagem') que integra o conceito que se pretende definir.

[235] *Vide* FIGUEIREDO DIAS, *Direito Penal, As consequências jurídicas do crime*, cit., p. 633.

imateriais)[236], por direitos[237] e, ainda, por outro tipo de proveitos, como aqueles que decorrem da fruição de bens[238] ou da poupança de gastos[239]. Sendo apenas necessário que o agente ou outrem retire do facto ilícito um benefício com relevância económica, o leque de vantagens confiscáveis é bastante extenso, podendo abranger, até, situações em que alguém, devido à prática de um delito, fica com a possibilidade de utilizar um bem, mesmo que nunca chegue a utilizá-lo[240]. É completamente de excluir, no entanto, que o confisco possa abranger vantagens de natureza não patrimonial, como aquelas que resultam da satisfação de interesses de ordem moral ou psicofísica[241] ou da obtenção de outros tipos de gratificação pessoal[242].

De igual forma, entende-se que os louvores, honras ou títulos atribuídos a alguém por causa de um facto ilícito-típico não devem ser incluídos no conceito de vantagem económica, pois o ganho reputacional que dos mesmos possa decorrer não importa um enriquecimento patrimonial, mas apenas uma eventual valorização pessoal[243]. É certo que tais louvores ou títulos, como acontece com todas as qualificações pessoais, podem constituir um factor determinante para a obtenção de benefícios patrimoniais, designadamente por aumentarem as possibilidades de o seu titular aceder a determinados cargos ou obter contratos (empregos, patrocínios, *etc.*) economicamente vantajosos. Contudo, diferentemente do que sucede, por exemplo, quando alguém fica com a possibilidade de utilizar um bem – em que a mera disponibilidade do bem é já uma van-

[236] *V.g.*, o relógio furtado ou a energia eléctrica da rede pública consumida através de uma ligação clandestina.

[237] *V.g.*, a licença de construção obtida através de um acto de corrupção.

[238] *V.g.*, a utilização de uma casa ocupada ilicitamente.

[239] *V.g.*, o custo da gestão de resíduos industriais ilicitamente depositados no meio ambiente, ou o preço do ingresso num espectáculo que não foi pago devido ao uso de um bilhete falsificado.

[240] No sentido de a mera possibilidade fáctica de fruição de um bem ser uma vantagem económica, *vide* Jescheck e Thomas Weigund, *Tratado de Derecho Penal*, cit., p. 851.

[241] *V.g.*, o retratamento público, obtido por coacção, de alguém que difamou outrem; ou a interrupção, após as primeiras 16 semanas, de uma gravidez resultante de crime contra a liberdade ou a autodeterminação sexual.

[242] *V.g.*, o regozijo daquele que, para vingar anterior ofensa, atenta contra a integridade física de outrem, ou o prazer sexual obtido por aquele que comete um crime de violação.

[243] Assim, também Conde Correia, *Da Proibição do Confisco*, cit., p. 81.

tagem concretizada com valor económico[244] –, aquele que, devido à atribuição de um título ou a qualquer outro facto, fica com maiores hipóteses de vir a obter uma vantagem económica, não fica investido de qualquer benefício patrimonial efectivo, mas apenas de um *statu quo* que favorece a obtenção de uma vantagem deste tipo[245].

Por idêntica ordem de razões, também se entende não ter dimensão patrimonial a vantagem obtida por aquele que, por coacção, logra evitar que outrem apresente contra si uma queixa (criminal, contra-ordenacional ou disciplinar). O benefício em que se traduz a manutenção da imagem pública ou da reputação social ou profissional daquele contra quem a queixa poderia ser apresentada, também aqui, não consubstancia uma verdadeira vantagem económica.

De acordo com o disposto no artigo 110.º do CP, a perda apenas pode incidir sobre vantagens económicas resultantes de um facto ilícito-típico, ou seja, sobre vantagens cuja existência derive da prática de um facto criminoso. Tais vantagens, no entanto, tanto podem derivar do facto ilícito de forma directa como de forma indirecta. As vantagens directas, ou de primeiro grau, correspondem aos benefícios que o agente ou um terceiro retira directamente do delito[246]. As vantagens indirectas são aquelas que, ainda que a sua existência se deva à prática de um facto ilícito-típico, não decorrem directamente desse facto, antes correspondendo a benefícios provenientes de vantagens que, em consequência do delito, foram anteriormente adquiridas pelo agente ou por um terceiro. O exemplo clássico de vantagens indirectas são os frutos de bens obtidos através de

[244] É o que se entende que acontece quando alguém conserva numa garagem um motociclo furtado apenas para o poder usar quando sentir vontade de se deslocar com ele, em vez do o fazer com o seu habitual automóvel.

[245] Se, pelo contrário, o título ou o louvor obtido por via ilícita constituir factor decisivo para a obtenção de um benefício com repercussões económicas (*v. g.* a celebração de um contrato economicamente vantajoso), em rigor, a vantagem económica resultante do facto ilícito-típico não será o título ou o louvor, mas, sim, o benefício que, no caso concreto, foi obtido.

[246] É o caso do telemóvel roubado, da utilização de veículo subtraído ao respectivo dono, do ingresso num espectáculo desportivo obtido através do uso de um bilhete falsificado, ou do imposto devido à Administração Tributária que não foi pago devido à prática de um crime de abuso de confiança fiscal.

factos ilícitos[247]; mas muitos outros bens há que podem constituir vantagens indirectas, como acontece com todos aqueles que são obtidos através da troca[248], da venda[249], da transformação[250] ou da aplicação ou reinvestimento[251] de vantagens primitivamente adquiridas. Como a lei, diferentemente do que sucedeu até 2017, não define qualquer nível a partir do qual a perda deixa de poder incidir sobre vantagens resultantes de anteriores vantagens, admitindo até expressamente que podem ser confiscados quaisquer ganhos quantificáveis[252] que tenham resultado da transformação ou do reinvestimento posterior de benefícios económicos

[247] *V.g.* os ovos postos por galinhas furtadas, o leite das ovelhas do rebanho objecto de apropriação ilegítima, os frutos do pomar ocupado ilicitamente, ou os juros do dinheiro que a pessoa burlada depositou na conta bancária do burlão ou de terceiro.

[248] *V.g.* a máquina fotográfica recebida por permuta com o computador roubado.

[249] *V.g.* o preço da venda de automóveis alugados que, findo o prazo do aluguer, não foram devolvidos.

[250] *V.g.* as jóias fabricadas com lingotes de ouro furtados.

[251] *V.g.* os dividendos de fundos de investimento subscritos com o capital obtido através de uma burla.

[252] A utilização do adjectivo 'quantificável' no artigo 110.º, n.º 3, do CP pode sugerir que, de alguma forma, se procurou limitar a amplitude da perda a favor do Estado de ganhos resultantes da transformação ou do reinvestimento de anteriores vantagens. No entanto, a referência no texto legal a 'ganhos quantificáveis' apenas decorre da transposição que foi feita para a nossa legislação da definição de *proceeds* constante do artigo 2.º da Directiva 2014/42/UE (onde se utiliza essa mesma expressão), definição essa que, como se esclarece no considerando 11 da Directiva, não visou limitar o âmbito do confisco de vantagens, mas – tão-só – clarificar que a perda deve abranger todos os ganhos indirectos de actividades criminosas, aí se podendo incluir, entre diversos outros bens, "[o] rendimento ou outros ganhos derivados do produto do crime, ou dos bens em que esse produto tenha sido transformado, convertido ou misturado". Desta forma, o uso da mencionada expressão na nossa lei não tem o efeito de restringir o leque dos benefícios obtidos "em cadeia" que podem ser declarados perdidos a favor do Estado: o ganho objecto de confisco tanto pode ser o quantitativo monetário correspondente aos dividendos de acções subscritas com capitais obtidos através de uma burla, como os electrodomésticos que foram adquiridos com esses dividendos, ou os serviços de massagem prestados a troco desses electrodomésticos. Todos estes ganhos são *quantificáveis*, no sentido de que se tratam de vantagens que encerram um valor económico que pode ser medido ou determinado, afinal o pressuposto que a expressão importada do Direito Comunitário pretende salvaguardar, mas que, no nosso Código Penal, constitui já uma característica comum a todas as vantagens susceptíveis de serem declaradas perdidas a favor do Estado.

micos colhidos de facto ilícito-típico, as vantagens indirectas podem ser de segundo, terceiro, ou outro grau subsequente, consoante o nível da cadeia de aquisições em que se verifica o seu surgimento.

Das vantagens directas ou indirectas resultantes de facto ilícito-típico devem ser distinguidas outro tipo de vantagens que, apesar de também surgirem na sequência da prática de infracções criminosas, não são, verdadeiramente, um resultado do facto ilícito cometido, mas apenas um seu efeito reflexo. O exemplo mais conhecido deste tipo de vantagens, mencionado já na década de 1960 quando se discutia o projecto do Código Penal de EDUARDO CORREIA, é o da herança que reverte para o agente que, sendo herdeiro do *de cujus*, provocou a morte deste por negligência. Mas outros exemplos há, como poderá ser o caso do lucro obtido por um trabalhador da construção civil que é contratado para reparar os danos que por si foram causados, dolosamente, na casa de um vizinho; ou, então, a oferta com que o dono de um estabelecimento comercial decide presentear um cliente que acabou de adquirir diversos artigos valiosos, desconhecendo que ele havia pago esses artigos com um cartão de crédito furtado. Nenhuma destas vantagens é uma consequência directa do facto criminoso praticado, nem deriva de qualquer vantagem obtida através desse facto. Tais vantagens não podem, por isso, ser consideradas como um resultado do facto ilícito propriamente dito e, consequentemente, não devem ser incluídas no leque de bens objecto de confisco a que se refere a alínea b) do n.º 1 do artigo 110.º do CP[253].

5.2.1.1. O caso especial das recompensas

De acordo com o estabelecido no artigo 110.º, n.º 2, do CP, o regime legal da perda de vantagens abrange também as recompensas, isto é, os benefícios económicos que, mesmo não sendo resultado ou consequência de facto ilícito, são atribuídas ao agente de um facto ilícito-típico, ou a um terceiro, como prémio ou contrapartida da prática desse facto.

Tal como as vantagens em geral, as recompensas têm que ter conteúdo económico, sendo de afastar, por isso, que, conforme se concluiu já a propósito daquelas, a perda possa incidir sobre ofertas de louvores,

[253] Neste sentido, também CONDE CORREIA, *Da Proibição do Confisco*, cit., p. 81 (nota 140).

honras ou títulos, ou sobre outros benefícios, desprovidos de valor pecuniário, que apenas satisfaçam interesses pessoais do beneficiário, designadamente de ordem moral ou ideal. Excluídos este tipo de vantagens de ordem não patrimonial, as recompensas objecto de confisco tanto podem ser constituídas por dinheiro ou por outras coisas corpóreas [254], como por direitos [255], que sejam transferidos, definitivamente ou temporariamente, para o agente ou para outrem, ou, ainda, por outros benefícios económicos resultantes de prestações de facto positivo [256] ou prestações de facto negativo [257]. Por outro lado, entende-se também que, dada a autonomia entre a noção de património para efeitos civis e para efeitos penais [258] e uma vez que, "[n]um Estado democrático e pluralista, o direito penal se circunscreve à protecção das condições necessárias ou indispensáveis à subsistência da colectividade e à livre realização da pessoa", não cabendo no seu campo de intervenção "...a prossecução de objectivos de carácter moralista, ideológico-político ou ético-religioso" [259], não é de afastar também que o bem dado em recompensa seja uma coisa que se encontre fora do comércio jurídico [260] ou um préstimo desconforme com a moral social ou os bons costumes [261]: o facto de estes bens estarem excluídos das relações jurídico-civis [262] não constitui óbice bastante para que, à luz da particular teleologia do direito criminal, lhes seja reconhecida relevância.

[254] *V.g.*, o relógio de luxo que é entregue a um mercenário para que ele, em compensação, agrida outra pessoa.

[255] *V.g.*, o direito de usar e habitar uma determinada vivenda que, para premiar o cometimento de um homicídio, é concedido ao assassino.

[256] *V.g.*, a prestação de cuidados de saúde não remunerados aos progenitores do agente do crime.

[257] *V.g.*, o perdão de uma coima por obras ilegais para que o transgressor, em troca, cometa um crime.

[258] Cf., sobre este assunto, J. Faria Costa, *Comentário Conimbricense do Código Penal*, II, pp. 29 – 39; e A. M. Almeida Costa, *Comentário Conimbricense*, II, cit. pp. 279 – 282.

[259] A. M. Almeida Costa, «Alguns princípios para um direito e processo penais europeus», *RPCC*, Ano 4, p. 205.

[260] *V. g.*, a moeda falsa ou os produtos estupefacientes entregues como contrapartida da prática de um crime.

[261] *V. g.*, os serviços sexuais de uma prostituta oferecidos para recompensar o cometimento de um crime.

[262] Cf. artigos 202.º e 280.º, do CC.

Movido, no entanto, pelo objectivo de eliminar todas as compensações económicas que estimulam a prática de crimes, o regime legal da perda de recompensas possui algumas especificidades em relação ao regime da perda das vantagens em geral.

Assim, para que haja lugar à perda de recompensas não é necessário, desde logo, que a vantagem se tenha concretizado, ou seja, que ela tenha já ingressado na esfera patrimonial do beneficiário, bastando que tenha sido dirigida a um agente de um facto ilícito-típico a promessa de entrega, a si ou a outrem, de um prémio ou retribuição pela prática desse facto. Caso a recompensa já tenha sido dada, por via da declaração de perda, a mesma será retirada da esfera patrimonial de quem dela beneficiou. Caso a recompensa, apesar de prometida, ainda não tenha sido entregue, considera-se que a mesma só pode ser retirada da esfera patrimonial de quem a ofereceu, pessoa que, para efeitos de perda da vantagem que aqui está em causa, não possui, manifestamente, uma posição de 'terceiro' (e, por isso, não goza da tutela do artigo 111.º, n.º 1, do CP), mas, sim, de interveniente no facto que motiva o confisco[263].

Mais problemas se suscitam quando a recompensa prometida não está na posse de quem a oferece, nomeadamente por não lhe pertencer, ou quando a recompensa corresponde a um bem ou a um direito que ainda terá que ser fabricado ou constituído. No primeiro caso[264], não se vislumbra qualquer impedimento a que se apliquem as regras gerais da perda de vantagens, apenas havendo a especificidade de o bem a confis-

[263] Neste mesmo sentido, ainda que a propósito da situação bastante paralela prevista no artigo 36.º, n.º 1, do DL n.º 15/93, de 22-01, HÉLIO R. RODRIGUES defende que só pode ser o património daquele que oferece a recompensa ao agente do crime a responder pelo pagamento ao Estado do seu valor, ou a ver o objecto prometido confiscado, pois "[é] aquele que que oferece a recompensa quem assume a conduta antijurídica que sustenta a declaração de perda desta vantagem. Ou seja, é a sua conduta que funciona simultaneamente como alicerce e trampolim desta medida, e é também por sua intervenção que os efeitos antijurídicos do facto se repercutem neste património. Acresce ainda que este «terceiro» que oferece a vantagem estará, invariavelmente, comprometido com o facto ilícito, como instigador, ou pelo menos como cúmplice." – *«Perda de Bens no Crime de Tráfico»*, cit., p. 206.

[264] Do qual pode ser dado como exemplo a situação em que alguém se compromete a dar a outrem, como contrapartida da prática de um delito, um motociclo que ainda não adquiriu.

car pertencer a um terceiro, estando a perda, por isso, sujeita ao regime do artigo 111.º do CP, designadamente, se se tratar de um terceiro de boa-fé, ao disposto no n.º 3 deste artigo. No segundo caso [265], pode parecer algo anómalo que a perda verse sobre realidades não existentes. Todavia, o nosso regime legal não postula que a perda de vantagens incida apenas sobre coisas ou direitos, podendo as vantagens consistir, também, noutro tipo de benefícios económicos, como a fruição de coisas ou o recebimento de serviços. Por isso, a partir do momento em que se admite que o confisco incida sobre recompensas prometidas e estas se podem tratar de benefícios que, necessariamente, apenas se concretizarão no futuro (*v. g.*, a prestação de um serviço, ou a permissão do uso de um bem), ter-se-á que admitir também a possibilidade de a perda de recompensas abranger coisas não produzidas ou direitos não constituídos que tenham sido prometidos como contrapartida da prática de factos ilícitos-típicos. Se se vier a revelar que os bens em causa não podem ser apropriados em espécie, operar-se-á a substituição da perda pelo pagamento ao Estado do respectivo valor (cf. artigo 110.º, n.º 4, do CP).

O confisco de recompensas difere também do regime geral da perda de vantagens pelo facto de não ser seu pressuposto a prática efectiva de um facto ilícito-típico, já que, segundo o artigo 110.º, n.º 2, do CP, tanto pode haver lugar à perda de bens dados ou prometidos como recompensa de um facto *já cometido*, como de bens dados ou prometidos como recompensa de um facto *a cometer*.

O texto legal, por não exigir para a perda de recompensas que já tenha sido cometido um crime, parece admitir a possibilidade de as recompensas, uma vez dadas ou prometidas, serem confiscadas, mesmo que, em termos externos, ainda não tenha sido praticado qualquer acto material revelador de que está em marcha um processo criminoso. Julga-se, porém, que, sendo o confisco uma medida restritiva de direitos e interes-

[265] Que pode ser ilustrado com o exemplo do carpinteiro que promete beneficiar alguém que contrata para cometer um crime com os móveis novos projectados para a cozinha da casa que ele tem em construção; ou, então, com o exemplo do proprietário de um terreno que, em contrapartida da prática de um facto ilícito-típico, se compromete a constituir um direito de superfície sobre o seu terreno a favor do agente desse facto ou de outrem.

ses juridicamente protegidos, não se pode prescindir, sob pena de violação dos princípios da necessidade e da proporcionalidade consagrados no artigo 18.º, n.º 2, da CRP, da existência de uma conexão entre os bens que são declarados perdidos a favor do Estado e um determinado facto ilícito-típico, em termos tais que, no mínimo, é necessário que o processo conducente à prática do facto ilícito já tenha ultrapassado a fase da cogitação e do planeamento criminoso. Por isso, a mera oferta de bens destinados a premiar a prática de um facto ilícito-típico, ainda que efectuada no âmbito ou por força da celebração de um pacto criminoso, não basta, caso nada mais tenha ocorrido, para que haja lugar ao confisco daquilo que de vantajoso tenha sido dado ou oferecido.

Mais duvidoso é saber se, para o confisco de recompensas, é necessário que já se tenha iniciado a execução de um facto ilícito-típico, ou se é suficiente que apenas se encontrem em curso actos preparatórios desse facto. Como se sabe, em termos gerais, a nossa legislação procura evitar que o Direito Penal intervenha de forma prematura e excessiva, afectando direitos ou interesses de pessoas que nada fizeram de objectivamente lesivo ou perigoso. Daí que, em princípio, a prática de actos que apenas preparam ou facilitam a execução de um crime não é punível, somente havendo lugar à punição da prática de actos que já integram a execução do crime propriamente dita (cf. artigos 21.º e 22.º do CP). Sucede que, no que diz respeito à perda a favor do Estado de recompensas, transparece do texto legal uma clara intenção do legislador de conferir a maior amplitude possível ao confisco, estendendo-o, na medida do admissível, a todos os casos em que ainda não foi concretizado qualquer delito, mas já foi dada ou prometida uma recompensa. Por isso, julga-se que a interpretação do artigo 110.º, n.º 2, do CP mais conforme à *mens legislatoris* é aquela que não cinge a noção de facto ilícito-típico «cometido» ou «a cometer» às condutas que preenchem um tipo de legal de crime sob a forma de consumação ou de tentativa, antes aí incluindo também as condutas materiais que, ainda antes da fase da execução, são adoptadas externamente com vista ao cometimento de um crime. Essa explicação, de resto, é a única que confere sentido útil ao facto de a Lei n.º 30/2017, de 30-05, ter alterado a norma que previa a perda a favor do Estado da "[r]ecompensa dada ou prometida aos agentes de um facto ilícito típico, para eles ou para outrem", aditando que o facto ilícito-

-típico se pode tratar de um facto *"já cometido ou a cometer"*. A formulação legal anterior, falando apenas em *"facto ilícito típico"*, não postulava já que fosse necessário para a perda que a infracção típica se tivesse consumado (pois, a partir do momento em que se verifica a prática de actos que configuram a tentativa de um crime, existe o cometimento de um facto que, independentemente de ser ou não punível, é típico e ilícito). Por isso, a introdução no texto da lei de que a recompensa (dada ou prometida) tanto pode destinar-se a premiar um facto *já cometido*, como um facto *a cometer*, ou mais não foi do que uma alteração redundante ou tautológica, ou – como se pensa – visou alargar o âmbito da aplicação da perda de recompensas, tendo como consequência necessária a possibilidade de a perda ser decretada em face da prática de simples actos preparatórios de um delito.

Em sentido contrário ao que se acaba de sustentar, nem sequer se argumente que a possibilidade de a perda de recompensas ocorrer quando apenas foram praticados actos preparatórios de infracções criminais não se coaduna com a afirmada natureza penal atípica do instituto da perda de bens, por, afinal, estar-se a admitir a aplicação de medidas de confisco perante factos que não configuram um verdadeiro ilícito-típico. Tal assim seria se a ilicitude de um facto se confundisse com a definição dos tipos criminais constantes do Código Penal. Todavia, o preenchimento por uma conduta de um tipo objectivo de crime mais não constitui do que um indício de ilicitude, é certo que bastante forte, mas, ainda assim, susceptível de ser excluído por força de valorações intrínsecas da ordem jurídica na sua totalidade (cf. artigo 31.°, n.° 1, do CP). A ilicitude, como dizia Teresa Beleza, "[é] uma qualidade de um comportamento que tem de ser vista face ao conjunto da ordem jurídica e não apenas em relação à lei penal" e, por isso, a licitude ou a ilicitude de um comportamento não depende do facto de ter sido cometida uma infracção civil ou criminal, mas sim da circunstância de ter sido cometido ou não um facto que contraria a ordem jurídica na sua globalidade. Tal fundamenta, por sua vez, que, uma vez verificado um facto ilícito, o mesmo possa ser punido apenas com uma sanção criminal, apenas com uma sanção civil ou, eventualmente, por ambas em simultâneo: tudo depende, no que diz respeito à infracção susceptível de gerar responsabilidade criminal, da sua gravidade ou, no diz respeito à infracção susceptível de gerar responsabilidade civil, do facto de ter resultado da mesma um qualquer dano material ou moral [266].

Assim, assente que a ilicitude pode ter vários níveis, importa agora observar que a nossa lei estabelece que, por princípio, um determinado facto ilícito apenas assume gravidade suficiente para ser sancionado com uma pena criminal a partir do momento em que se verifica a sua consumação ou, em determinados casos expressamente previstos (cf. artigo 23.º do CP), a partir do momento em que se verifica o início da sua execução. Tal não significa, porém, que os actos cometidos antes desses momentos não sejam já ilícitos; significa, sim, que a sua ilicitude não atinge o nível de gravidade definido para que, na normalidade dos casos, os mesmos sejam criminalmente puníveis. Contudo, conforme ressalva estabelecida na parte final do artigo 21.º do CP, é possível que o legislador, excepcionalmente, estabeleça a punição de actos preparatórios, designadamente por considerar que, em certas situações, os mesmos contêm um nível de ilicitude que justifica a intervenção sancionatória do Direito Penal. A única exigência para que haja lugar à sua punição é a existência de uma disposição legal nesse sentido, como acontece, nomeadamente, quando, no artigo 271.º do CP, se prevê a punição criminal de actos preparatórios de falsificação de documentos, moeda, cunhos, pesos e objectos análogos, ou quando, no artigo 2.º, n.º 4, da Lei n.º 52/2003, de 22 de Agosto, se prevê a punição criminal de actos preparatórios de terrorismo. Ora, tanto quanto se julga, isso mesmo acontece quando no artigo 110.º, n.º 2, do CP, se prevê a possibilidade de a perda da recompensa dada ou prometida ser declarada não só em situações em que já foi cometido o facto ilícito-típico (consumado ou tentado), como também em situações em que o facto ilícito-típico ainda não começou a ser executado, mas já se iniciaram actos que preparam a sua comissão (facto ilícito-típico "a cometer"). A circunstância de o acto preparatório do delito não ser sancionado com a pena prevista no tipo criminal (ou, no caso de tentativa, com a pena aplicável ao crime consumado, especialmente atenuada – cf. artigo 23.º, n.º 2, do CP) não afasta que, por motivos de política-criminal, o legislador possa fazer corresponder-lhe uma medida sancionatória, como a perda, que se move por objectivos específicos, diferentes dos das penas criminais, e que se aplica de

[266] Cf. Teresa Beleza, *Direito Penal*, 2.º volume, p. 231.

forma autónoma em relação às penas. Nesta eventualidade, o confisco será, ainda, uma consequência jurídica de um facto típico de cariz criminal que, mesmo não sendo punível com uma pena, é considerado ilícito pela ordem jurídica na sua globalidade.

Não se vislumbra, pelo exposto, que a natureza jurídica do instituto da perda de bens seja incompatível com o entendimento de que – conforme se julga ter sido opção legislativa consagrada no artigo 110.º, n.º 2, do CP – o Estado pode fazer uso do seu *ius imperii* para eliminar as ofertas económicas que estimulam o cometimento de um facto criminoso quando, mesmo não estando a ser praticados actos de execução desse facto, já houve uma exteriorização da intenção e/ou do planeamento criminoso e estão a ser levados a cabo actos materiais preparatórios do crime. De resto, seria até difícil de conceber que, visando o confisco de recompensas dadas ou prometidas a agentes de factos ilícitos-típicos *a cometer* eliminar o incentivo económico que favorece a prática de crimes, a nossa lei, nos casos em que há notícia de que está em preparação a prática de um crime e que, para premiar a mesma, já foi dada ou prometida ao agente uma recompensa, não admitisse o confisco dessa recompensa (que mais não é do que o próprio incentivo que o legislador quer eliminar), apenas aceitando que a perda fosse declarada *a posteriori* quando se iniciasse a execução do facto ilícito.

5.2.2. A determinação das vantagens económicas

A perda de vantagens prevista no nosso Código Penal, conforme se concluiu na análise efectuada sobre a natureza jurídica do instituto da perda de bens, não é uma medida punitiva, antes constituindo uma providência sancionatória instituída com uma finalidade específica: impedir que os agentes de factos ilícitos-típicos, ou outras pessoas, retirem benefícios económicos da prática desses factos. Daí que, sob pena de se estar a transformar esta providência sancionatória numa verdadeira pena e, assim, ser violada a regra constitucional da proibição do excesso, o confisco tem que se cingir àqueles que foram os reais benefícios económicos que resultaram da prática de um facto ilícito-típico, jamais podendo abranger vantagens meramente potenciais, mas apenas vantagens efectivas, ou seja, vantagens económicas que já se tenham concretizado. Assim, se, por exemplo, for falsificado um bilhete de ingresso num espectáculo musical com o valor facial de 100,00 €, o agente do crime apenas obterá uma vantagem quando aceder ao local do espectáculo fazendo uso do documento que falsificou ou, então, quando, eventualmente, vender ou trocar esse documento por outro bem. Antes disso, nenhuma vantagem económica resultante do crime houve, nem sequer se podendo presumir, para efeitos de confisco, que o agente tenha obtido uma vantagem correspondente ao valor facial do bilhete que falsificou. A vantagem, caso o agente utilize o documento para aceder ao espectáculo, poderá vir a ser essa; mas, caso transaccione o documento falsificado, também poderá ser outra, inferior ou, até, superior a 100,00 €.

Desta forma, a declaração de perda a favor do Estado da vantagem de um facto ilícito-típico não pode prescindir da prévia demonstração do benefício real que foi obtido com o facto, sem que, para tal, opere qualquer presunção. Mesmo quando é praticado um crime patrimonial que se consuma com a apropriação de um determinado bem, a mera prova da autoria do crime, sem qualquer outro dado adicional, não se mostra suficiente para que se tenha como demonstrado que o agente do facto ilícito obteve uma vantagem económica. Com o instituto da perda de vantagens, não se pretende punir o agente com uma sanção patrimonial susceptível de exceder o benefício efectivo que ele retirou do facto que cometeu, mas tão-só assegurar que ele não retire benefício desse facto. Por isso, voltando-nos a socorrer de um exemplo, se o autor de um furto que é surpreendido por terceiros quando se ausenta do local do crime e empreende uma fuga automóvel que culmina com um acidente em consequência do qual é destruído o objecto de que se havia apropriado, não se pode lançar mão do instituto da perda de vantagens para se exigir ao agente que pague o valor de algo de que ele, comprovadamente, não beneficiou. Consequentemente, devendo excluir-se do confisco as vantagens não usufruídas [267], a declaração da perda a favor do Estado de uma vantagem pressupõe, necessariamente, que se encontre processualmente demonstrado que, de facto, o crime proporcionou um benefício, ou seja, que o agente ou um terceiro obteve a possibilidade efectiva de gozar e fruir das utilidades do bem que é objecto de confisco. Mesmo que exista prova de que um determinado agente se apropriou ilicitamente de um

[267] No sentido da não inclusão no confisco das vantagens não usufruídas, *vide* Conde Correia, *Da Proibição do Confisco*, cit., p. 81 (nota 141).

objecto, não se pode presumir, sem mais, que a vantagem do facto ilícito tenha sido, para o agente, esse objecto ou, caso este não seja encontrado, o respectivo valor. Tal pode até acontecer, mas existem também diversas outras hipóteses, igualmente plausíveis (bastando para isso pensar nas situações, algo frequentes, da prática de crimes "por encomenda"). Presumir em tais casos – nos quais se desconhece tudo o mais que haja sucedido para além do próprio crime – que o agente chegou a beneficiar do objecto de que se apropriou, ou que obteve com o crime um benefício correspondente ao valor desse objecto, é ficcionar uma realidade (possível, mas não certa) e, dessa forma, aceitar a possibilidade de o confisco incidir sobre vantagens presumidas ou potenciais e, por via disso, alguém ser sancionado com a perda de algo que pode não ter sido a vantagem económica que efectivamente obteve através da prática de um facto ilícito-típico. Isso apenas seria possível se o instituto da perda de vantagens a favor do Estado tivesse natureza punitiva[268].

[268] Nos nossos tribunais, na sequência da maior atenção que vem sendo dada aos mecanismos de perda de bens, começam a surgir com alguma frequência requerimentos do Ministério Público a peticionar que os autores de crimes patrimoniais sejam condenados a pagar ao Estado o valor das coisas de que se apropriaram, nada mais se acrescentando, para fundamentar esse pedido, para além de que os agentes fizeram as coisas "suas", "apropriaram-se" das mesmas ou integraram-nas "na sua esfera patrimonial". Ora, ainda que o funcionamento do instituto da perda de bens pressuponha que tenha sido obtida uma vantagem patrimonial, julga-se que a utilização das fórmulas referidas, ou de outras idênticas, não tem a virtualidade de introduzir no processo base factual bastante para que o agente do facto ilícito seja condenado a pagar ao Estado do valor dos *quaesita sceleris*. É que, caso nenhum facto concreto haja que permita concluir que o delito proporcionou ao agente um benefício efectivo (a mera menção de que a coisa ingressou no património do agente é, para efeitos da condenação peticionada, um facto manifestamente conclusivo), a eventual condenação do agente no pagamento do valor das coisas subtraídas não se fundaria, já, no princípio da vantagem líquida (que reclama que o confisco apenas incida sobre aqueles que foram os reais benefícios económicos que resultaram da prática de um facto ilícito-típico), mas, sim, no princípio da vantagem bruta. Por isso, mesmo que se encontre assente que os bens subtraídos nunca foram recuperados, necessário será sempre para a procedência do pedido de substituição da perda pela obrigação de pagamento do valor dos bens que seja alegado e que seja produzida prova em julgamento de que, no mínimo, o agente ou outrem "guardou" (numa residência, num cofre, numa conta bancária, ou noutro sítio) ou "passou a utilizar" os bens de que se apropriou.

De todo o modo, logo que se encontre demonstrado que do crime resultou uma determinada vantagem económica, real e efectiva, pode e deve a mesma ser confiscada, não sendo exigível que a investigação patrimonial se prolongue, a menos que existam elementos que permitam concluir que se verificaram outros desenvolvimentos que determinaram a alteração do benefício já apurado. O combate ao crime postula eficácia e, por isso, identificadas as vantagens que foram geradas pela prática de um facto ilícito-típico, devem as mesmas ser eliminadas com a celeridade que, sem desrespeito pelos direitos de defesa e contraditoriedade existentes, se mostre possível. Se o benefício apurado pela investigação desenvolvida não foi, na prática, o definitivo, sempre poderão os interessados, no âmbito do exercício dos seus direitos, contestar o confisco proposto.

Claro que, se durante a investigação surgir notícia de que a vantagem inicial se alterou, em virtude de no nosso sistema jurídico vigorar o princípio da vantagem líquida e não o da vantagem bruta, ter-se-á que apurar quais foram as modificações que se verificaram e estabelecer a cadeia de operações havidas até se chegar àquele que foi o verdadeiro benefício obtido com a prática do facto criminoso. A perda de bens não visa punir a prática de factos ilícitos e, por isso, não há que assumir, sequer, qualquer perspectiva crítica em relação ao facto de, eventualmente, as vantagens ilicitamente obtidas terem sido esbanjadas. A função do instituto é a de eliminar vantagens, não a de sancionar o desperdício ou a de compensar os prejuízos daqueles que foram lesados pelo crime. De resto, apesar de, por vezes, poder haver uma correspondência entre o prejuízo do lesado e a vantagem do criminoso, tal pode também não acontecer[269]. Por isso, assim como deve haver lugar ao alargamento do confisco para abranger os benefícios supervenientes que aumentem as vantagens inicialmente alcançadas através de um facto ilícito-típico, também deve haver lugar

[269] A impossibilidade de, em termos gerais, se firmar uma correspondência entre os prejuízos gerados por um determinado crime e as vantagens que do mesmo foram recolhidas ainda melhor se evidencia quando se verifica que há muitos crimes que causam prejuízos a terceiros sem gerarem vantagens económicas (*v. g.* crimes de dano) e, ao contrário, também há muitos crimes que geram vantagens sem provocarem quaisquer danos patrimoniais específicos (*v. g.* crimes de falsificação).

à redução da amplitude do confisco quando se apura que os proveitos efectivos foram inferiores às vantagens iniciais[270].

A possibilidade de serem declaradas perdidas a favor do Estado vantagens objecto de trocas e transacções consecutivas coloca bastantes dificuldades ao nível da necessária demonstração da proveniência ilícita dos bens atingidos pelo confisco. Tal sucede quer devido ao número de operações cujos contornos têm que ser escrutinados para se restabelecer a sequência de actos que culmina com um determinado quadro patrimonial, quer devido ao facto de ser normal que, nesse processo, os bens de proveniência ilícita sejam transformados ou convertidos, no todo ou em parte, noutros bens, bem como que se verifique a sua mistura com bens licitamente obtidos[271]. Não obstante tais dificuldades, há que respeitar a opção legislativa de estender o confisco às vantagens subsequentes, procedendo-se a uma análise cuidada da cadeia de transmissões para se determinar com rigor quais os bens que, por terem ocupado a posição das anteriores vantagens, devem ser confiscados. Sob pena, porém, de ser violado o princípio constitucional da proporcionalidade, a perda,

[270] Pode, até, dar-se o caso de, supervenientemente, o próprio agente de um facto ilícito-típico que lhe proporcionou uma determinada vantagem patrimonial proceder à reparação dos prejuízos que causou ao ofendido e, por essa via, anular o ganho que obteve. Nessa eventualidade, devido ao princípio da vantagem líquida, mesmo que a indemnização não tenha envolvido a restituição dos bens concretos que foram adquiridos através do delito, não deve haver lugar a qualquer confisco. Leal-Henriques e Simas Santos discordam desta posição, defendendo, a propósito de uma situação em que o agente do crime reparou integralmente os prejuízos que causou a outrem com a utilização abusiva de um cartão de crédito, que os objectos que foram adquiridos com o uso desse cartão deviam ser, na mesma, declarados perdidos a favor do Estado, pois admitir outra solução "[s]eria premiar o ilicitamente obtido e não deixaria de constituir um intolerável aliciamento à captação de bens pela via criminosa" (*Código Penal Anotado*, cit., p. 1165). Não acompanhamos, porém, este entendimento, pois – reforce-se – a finalidade do confisco de vantagens *não é punir a prática de crimes*, nem sequer evitar que o crime constitua fonte aquisitiva de bens, mas, sim, *evitar que o crime seja fonte de lucros ou benefícios económicos.*

[271] Se pode já não ser fácil demonstrar, por exemplo, que a quota de uma sociedade comercial foi adquirida com o dinheiro obtido através de uma burla, mais difícil se torna demonstrar que tal aconteceu quando, nessa aquisição, foram utilizadas também verbas provenientes da venda de um terreno herdado pelo adquirente; mais complexo, ainda, será demonstrar que os lucros do exercício dessa sociedade que vierem a ser distribuídos pelo titular dessa quota são, no todo ou em parte, vantagem económica resultante da burla cometida.

enquanto medida ablativa, só pode atingir bens que tenham sido adquiridos unicamente com base em vantagens que, ainda que por via de transacções ou transformações, radiquem – também elas por inteiro – em anteriores benefícios de um facto ilícito-típico. Caso, diferentemente, as coisas, direitos ou outras vantagens económicas de factos ilícitos-típicos tiverem sido, durante a cadeia de transmissões, objecto de mistura com bens licitamente adquiridos (dos quais já não consigam ser separadas ou isoladas), o eventual confisco do conjunto patrimonial formado, como fácil é de compreender, seria uma medida sancionatória desproporcional e excessiva. A mistura de uma vantagem de um delito com bens adquiridos de fonte legítima não elimina, obviamente, o benefício obtido através da prática de um facto ilícito, nem afasta que os benefícios subsequentes, pelo menos em parte, sejam, também eles, vantagens do facto ilícito. O que acontece, simplesmente, é que, devido à mistura e à garantia constitucional da proibição do excesso, a vantagem efectivamente resultante do delito não pode ser apropriada em espécie. Mas isso não apaga a vantagem, ela existe, e, por isso, tal como sucede com as demais vantagens económicas que não podem ser confiscadas em espécie, a sua perda deverá ser substituída pelo pagamento ao Estado do respectivo valor (cf. artigo 110.º, n.º 4, do CP)[272].

5.3. A substituição da perda pelo pagamento do valor dos instrumentos, produtos ou vantagens

Tanto a propósito da perda de instrumentos, como da perda de produtos ou vantagens, pertencentes a algum dos agentes do facto ilícito-típico

[272] Tal como foi explicado na nota 252, a utilização no artigo 110.º, n.º 3, do CP da expressão 'ganhos quantificáveis', decorrente da transposição de conceitos legais plasmados na Directiva 2014/42/UE, não visou restringir o âmbito da perda de bens resultantes da transformação ou do reinvestimento de anteriores vantagens, mas apenas traduzir que deve ser sempre possível determinar o valor económico do ganho obtido ou alcançado. De resto, admitindo-se até no considerando 11 da Directiva que, para efeitos de confisco, seja considerado o "valor estimado do produto do crime que entrou na mistura", afigura-se claro que os ganhos confiscáveis aludidos no artigo 110.º, n.º 3, do CP não são apenas aqueles que têm uma expressão pecuniária directa ou cujo valor pode ser determinado por simples cálculo aritmético, mas, sim, todos aqueles que encerram um valor económico que, ainda que por métodos menos directos, pode ser medido ou determinado.

ou a terceiro, o nosso Código Penal prevê a possibilidade de, na eventualidade de não ser possível apreender em espécie os bens a confiscar, a perda ser substituída pelo pagamento ao Estado do respectivo valor (cf. artigos 109.°, n.° 3, 110.°, n.° 4, e 111.°, n.° 3, do CP).

Tratando-se de uma exigência que, recorrentemente, vem sendo indicada em diversos instrumentos normativos comunitários[273], a obrigação de pagamento ao Estado do valor dos bens que devem ser declarados perdidos[274] destina-se a impedir que os objectivos da perda de instrumentos, produtos e vantagens de factos ilícitos-típicos se frustrem quando – como amiúde acontece – se verifica a impossibilidade fáctica de capturar o activo que deve reverter para o Estado, seja por ele não ser localizado, seja por ele se encontrar na titularidade de um terceiro de boa-fé, ou seja, pura e simplesmente, por esse bem, devido à sua própria natureza, não ser materialmente apreensível.

A consagração na nossa legislação dessa obrigação é já uma realidade desde 1982, ainda que, inicialmente, o seu campo de aplicação estivesse cingido aos casos de recompensas ou vantagens que não estavam em poder dos agentes ou que não eram susceptíveis de transferência directa[275]. Em 1995, passou a abranger todos os casos de recompensas, direitos, coisas ou outras vantagens patrimoniais que não pudessem ser apropriadas em espécie[276] e, a partir da entrada em vigor da Lei n.° 30/2017, de 30-05, ficou consagrado no texto legal, também, a possibilidade de a perda dos instrumentos que não sejam apropriados em espécie ser substituída pelo pagamento ao Estado do respectivo valor. Esta última possibilidade, porém, não se coaduna com o facto de a nossa lei não admitir o confisco de todos os instrumentos de facto ilícito-típico, mas somente, conforme previsão expressa do artigo 109.°, n.° 1, do CP, dos instrumentos que, pela sua natureza ou pelas circunstâncias do caso, se revelarem social-

[273] Cf., por todos, artigos 2.°, n.° 1, da Decisão-Quadro n.° 2005/212/JAI do Conselho, de 24-02, e 4.°, n.° 1, da Directiva 2014/42/UE, de 3-04.

[274] Figura também designada por alguma doutrina como 'perda do sucedâneo em valor' – cf. Figueiredo Dias, *Direito Penal, As consequências jurídicas do crime*, cit., p. 636 (§ 1010).

[275] *Vide* artigo 109.°, n.°s 1 e 3, da versão originária do Código Penal, aprovada pelo DL n.° 400/82, de 23-09.

[276] Cf. artigo 111.°, n.° 3, do CP, na redacção que lhe foi dada pelo DL n.° 48/95, de 15-03

mente perigosos. Fácil é de perceber que, se a perda de instrumentos é uma medida restritiva de direitos ou interesses individuais que apenas se justifica pela necessidade de afastar o perigo associado à circulação na comunidade de determinados objectos, a sua substituição pela obrigação de pagamento ao Estado de um determinado quantitativo monetário em nada contribuirá para erradicar ou atenuar esse perigo; por isso, a referida obrigação não cumprirá o desígnio preventivo que constitui o fundamento da perda de instrumentos, antes surgindo como uma medida com evidente alcance punitivo.

Ora, dado que, apesar das alterações do quadro legal determinadas pela Lei n.º 30/2017, de 30-05, jamais foi pretensão do legislador nacional alargar o confisco de instrumentos a objectos não perigosos [277], considera-se manifesta a inconciliabilidade do disposto no n.º 3 do artigo 109.º do CP com o princípio de que a perda de instrumentos não se trata de uma medida punitiva destinada a sancionar a utilização criminosa de objectos, mas, sim, uma medida que, para proteger a sociedade do crime, procura eliminar o perigo decorrente da circulação no seio da comunidade de objectos que já foram utilizados na prática de factos de índole criminal. Consequentemente, impõe-se reconhecer que se verifica uma contradição intra-sistemática inultrapassável entre o disposto no n.º 1 do artigo 109.º do CP e aquilo que se estabelece no n.º 3 do mesmo artigo, contradição essa que apenas pode ser superada mediante o acolhimento de uma interpretação ab-rogante da norma que prevê a possibilidade da perda ser substituída pelo pagamento ao Estado dos instrumentos de factos ilícitos-típicos que não puderem ser apropriados em espécie [278].

[277] Disto mesmo é deveras significativo que a Lei n.º 30/2017, de 30-05, não obstante ter introduzido no artigo 109.º do Código Penal o actual n.º 3, não alterou o sentido e o alcance do estabelecido no n.º 1 desse mesmo artigo, mas, bem diferentemente, aditou à Lei n.º 5/2002, de 11-01, uma norma (artigo 12.º-B, n.º 1) nos termos da qual "[o]s instrumentos de facto ilícito típico referido no artigo 1.º são declarados perdidos a favor do Estado ainda que não ponham em perigo a segurança das pessoas, a moral ou a ordem públicas, nem ofereçam sério risco de ser utilizados para o cometimento de novos factos ilícitos típicos".

[278] Não se olvida que o recurso à interpretação revogatória ou ab-rogante, principalmente quando implica o sacrifício da totalidade de uma norma expressamente consagrada em texto legal, pode suscitar questões de constitucionalidade, relacionadas com a

Diferentemente, no que diz respeito à perda de produtos de facto ilícito-típico, uma vez que a mesma, desde a entrada em vigor da Lei n.º 30/2017, de 30-05, deixou de acompanhar o regime da perda de instrumentos e, assim, de depender da perigosidade que os produtos comportam para a prática de crimes ou para a segurança pública em geral, não se vislumbram quaisquer óbices a que, quando não é possível apreender produtos que devessem ser confiscados, haja lugar à sua substituição (a exemplo do que acontece quanto à perda de vantagens) pela obrigação de pagamento ao Estado do respectivo valor.

O pressuposto legal básico da 'perda do sucedâneo em valor' é a impossibilidade de apropriação em espécie dos bens que devem ser declarados perdidos. Essa impossibilidade tanto pode existir *ab initio*, ou seja, logo desde o momento em que o produto ou a vantagem se constitui, como surgir *a posteriori*. Será originária quando o bem, devido à sua própria natureza, não pode ser apreendido em termos materiais (*v. g.*, a fruição de uma coisa, ou a poupança de uma despesa) [279], ou quando está em causa um bem cujo confisco não é permitido pela lei (*v.g.*, o produto ou a vantagem pertencente a um terceiro de boa-fé – cf. artigo 111.º, n.ºs 1 e 2, do CP). A impossibilidade será superveniente quando o produto ou a vantagem, depois de surgir, é gasto ou consumido, quando o mesmo é misturado com bens de origem lícita dos quais não pode ser isolado ou separado, quando a sua titularidade é transferida para um terceiro boa-fé,

eventual violação do princípio da separação e interdependência de poderes consagrado no artigo 111.º da CRP. No entanto, esta modalidade de interpretação, como refere Baptista Machado, opera "[e]m obediência ainda ao pensamento legislativo", curando de corrigir *fórmulas legislativas abortadas* ou *verdadeiros lapsos*. Daí que a mesma tenha lugar "[a]penas quando só por essa via seja possível alcançar o fim visado pelo legislador" e "[a]penas quando entre duas disposições legais existe uma contradição insanável" – *Introdução ao Direito e ao Discurso Legitimador*, p. 186. No caso que ora estamos a abordar, a interpretação ab-rogante do estabelecido no n.º 3 do artigo 109.º do Código Penal impõe-se, justamente, devido à absoluta inconciliabilidade desta norma com o preceituado no n.º 1 do mesmo artigo. Para além disso, dado que se propugna por uma solução que, em concreto, vai no sentido da diminuição do rigor sancionatório da letra da lei, de todo é de afastar que *in casu* se verifique qualquer problema de constitucionalidade.

[279] Será o caso, por exemplo, da estadia num hotel obtida através de uma burla para a obtenção de serviços, ou do não pagamento da taxa devida pela reciclagem de resíduos industriais líquidos que foram despejados numa linha de água.

ou, então, quando não se logra localizar o produto ou a vantagem, designadamente por o mesmo ter sido escondido ou ocultado.

Se existirem evidências, porém, de que o produto ou a vantagem que devia ser confiscado foi destruído sem que dele tivesse sido colhido qualquer benefício, entende-se que, face ao princípio da vantagem líquida, não deve haver lugar à substituição da perda pelo pagamento do seu valor [280]. Com efeito, como o instituto da perda de bens não se move por finalidades punitivas, antes se destinando a cumprir fins específicos de combate ao crime que, no caso da perda de produtos e vantagens, se traduzem na eliminação dos benefícios proporcionados pela prática de um facto ilícito-típico, seria violada de forma ostensiva a regra constitucional da proibição do excesso, ínsita no artigo 18.º, n.º 2, da CRP, caso se admitisse que, nas situações em que a vantagem já foi anulada, ainda assim, houvesse lugar à condenação do agente a pagar o valor correspondente ao bem destruído. Se, antes da sua destruição ou inutilização, o produto ou a vantagem ainda proporcionou algum benefício, deve haver lugar, sim, à perda desse benefício, ou, caso não seja possível a sua apreensão em espécie, do seu valor substitutivo (mas, nunca, do valor substitutivo do bem destruído ou inutilizado) [281].

A obrigação de pagamento do valor do produto ou da vantagem do facto ilícito-típico que não se mostra possível confiscar visa assegurar que, ainda que por uma via alternativa, haja lugar à anulação dos proventos proporcionados por actividades criminosas. Este mecanismo, no entanto, tal qual está configurado na nossa lei, não tem natureza opcional [282] e, por isso, não pode ser usado para suprir as dificuldades que possam surgir quando, perante operações sucessivas de troca, transformação

[280] Em sentido contrário: Conde Correia, *Da Proibição do Confisco*, cit., p. 87; Miguez Garcia e Castela Rio, *Código Penal, Parte Geral e Especial*, cit., p. 510.

[281] Assim, quando se apura que um automóvel furtado ficou completamente destruído na sequência de um acidente de viação ocorrido no dia seguinte ao do furto, dessa forma ficando inviabilizado o seu confisco em espécie, não deve haver lugar ao pagamento do valor da viatura, mas apenas, se esse for o caso, do valor da vantagem decorrente do uso que lhe foi dado durante um dia ou da mera possibilidade fáctica de ser fruída durante esse período de tempo.

[282] Quanto a este aspecto, a Directiva 2014/42/UE, conforme expresso no seu considerando 11, deixou margem para os Estados-Membros definirem, "consoante adequado nos

ou reinvestimento de produtos ou vantagens de factos ilícitos, se torna necessário demonstrar quais os proventos que, efectivamente, devem ser declarados perdidos a favor do Estado. Por outro lado, uma vez identificados com rigor os produtos ou as vantagens resultantes do facto ilícito-típico e aferido que, devido às circunstâncias concretas do caso, os mesmos não podem ser apreendidos em espécie, não é possível substituir a sua perda pelo confisco de outros bens, antes se impondo, obrigatoriamente, determinar o pagamento ao Estado do respectivo valor.

A propósito da condenação no pagamento ao Estado do valor de produto ou vantagem de facto ilícito-típico, esclareça-se que, como é lógico, a mesma deve ser dirigida ao titular do produto ou da vantagem e, caso exista uma pluralidade de beneficiários, a obrigação de pagamento deve ser solidária. Todavia, nesta última eventualidade, há que ter em atenção que a solidariedade da dívida apenas pode decorrer do facto de duas ou mais pessoas terem beneficiado de uma mesma vantagem e não do facto de elas terem cometido, em co-autoria, o facto ilícito que gerou o benefício. O benefício de um crime pode ser individual ou colectivo e isso nada tem a ver com questões de autoria: o autor singular de um facto ilícito pode obter uma vantagem económica para si, para outrem ou para uma pluralidade de pessoas (das quais ele pode, ou não, fazer parte); também os co-autores podem adquirir uma vantagem para todos, para algum ou alguns deles próprios, para terceiros ou, eventualmente, para si e terceiros. Por isso, mesmo que seja feita prova de que várias pessoas comparticiparam na prática de um crime que proporcionou uma determinada vantagem patrimonial, não se pode presumir, sem mais, que todas elas foram beneficiárias dessa vantagem. Com a perda de vantagens não se pretende punir a prática de factos ilícitos-típicos, mas eliminar as vantagens económicas que tais factos geraram, as quais tanto podem ter aproveitado aos respectivos agentes como a uma ou mais pessoas terceiras. Daí que, antes de se impor a obrigação de alguém pagar o valor do produto ou da vantagem que não se pode apreender em espécie, seja necessário demonstrar que a pessoa em causa, efectivamente, beneficiou do facto ilícito-típico, ou seja, que ela adquiriu a possibilidade efectiva de gozar e fruir das utilida-

termos do direito nacional", se a perda de bens de valor equivalente deve ser uma medida subsidiária ou alternativa à perda directa.

des do bem que devia ser confiscado. Se se apurar o benefício foi individual, só ela deve ser responsabilizada pelo pagamento; se, diferentemente, houver prova de que se verificou um benefício colectivo, todos os beneficiários devem responder solidariamente pelo pagamento devido.

De salientar, ainda, que a obrigação de pagamento do valor dos bens que não se mostra possível apreender em espécie tanto pode ser determinada quando, no momento em que a perda deve ser declarada, se verifica a impossibilidade de apreensão, como quando essa impossibilidade se verifica posteriormente, nomeadamente quando, em sede executiva, se possa estar a diligenciar pela entrega dos bens que foram declarados perdidos a favor do Estado. Nos termos, porém, do disposto no artigo 112.º-A do CP, a obrigação de pagamento encontra-se sujeita aos prazos de prescrição da pena ou da medida de segurança que tenha sido aplicada ao facto cometido ou, se não tiver havido lugar à aplicação de sanção criminal, aos prazos de prescrição previstos para o procedimento criminal correspondente.

Relativamente ao momento que deve ser atendido para efeitos da determinação do valor do produto ou da vantagem, é defendido, entre nós, por Conde Correia que o mesmo deve ser "o da sua integral constituição", considerando-se "o valor da vantagem à data da sua aquisição" ou, quando este aumenta devido à actividade do agente ou ao simples funcionamento dos mercados, o valor que o bem atinge enquanto estiver "na sua esfera patrimonial"[283]. Não se afigura, no entanto, que esta posição seja compatível com o princípio da vantagem líquida. Conforme já houve oportunidade de frisar, a perda de produtos ou vantagens não visa punir a prática de factos criminosos, mas apenas eliminar os benefícios económicos obtidos através de factos ilícitos-típicos. Por isso, assim como se deve atender aos ganhos subsequentes que, directa ou indirectamente, resultem do facto, também não se pode deixar de considerar os eventos posteriores que levem a que os proveitos efectivos sejam inferiores às vantagens iniciais. Consequentemente, o momento decisivo para o cálculo do valor do bem que não pode ser apreendido em espécie deve

[283] *Da Proibição do Confisco*, cit., pp. 89 – 91.

ser o da data em que, sem se estar em fase executiva, se fixa a obrigação de pagamento [284]. Só assim se garante que a 'perda do sucedâneo em valor' obedeça ao princípio do ganho líquido, e não ao princípio do ganho bruto [285].

O cálculo do valor dos produtos ou das vantagens que não se mostra possível confiscar constitui uma tarefa especialmente delicada, desde logo, porque, devido à natureza dos bens ou, no caso das coisas corpóreas, por não se saber da sua localização, não se pode proceder à sua avaliação directa. Tal tarefa, ainda assim, mostra-se facilitada quando estão em causa produtos ou vantagens que têm uma expressão pecuniária certa ou cujo valor pode ser determinado por simples cálculo aritmético[286]. Nos demais casos, porém, devido à estrita ligação que existe entre as utilidades proporcionadas por um determinado bem e os concretos interesses de quem seja o seu titular, é extremamente difícil atribuir um valor preciso ao produto ou à vantagem. Estas dificuldades podem ainda ser agravadas quando se dá o caso de o benefício cujo valor cumpre ser determinado corresponder a coisas que se encontram fora do comércio [287], ou a prestações que, devido ao seu objecto, estão excluídas do tráfico jurídico-negocial lícito [288], mas que, ainda assim, possuem um valor económico

[284] Caso a substituição da perda pelo pagamento do valor do bem se opere já em plena fase de execução, o montante a pagar não deve ser calculado com base no valor que o bem tem nesse momento, mas, sim – dado que o atraso na entrega do bem apenas ao devedor pode ser imputado –, tendo como referência o valor que o bem tinha quando foi declarado perdido a favor do Estado.

[285] O cálculo do valor do produto ou da vantagem por referência à data da decisão condenatória pressupõe, como é óbvio, que, anteriormente, o bem não tenha sido vendido, trocado ou transformado, pois, caso contrário, a perda já não incidirá sobre o produto ou a vantagem primitiva, mas, sim, sobre o bem/benefício que resultou das operações posteriores (o preço, a coisa recebida em troca ou o objecto resultante da transformação). Nessa eventualidade, de qualquer modo, se não for possível apreender em espécie o "novo" produto ou vantagem, o respectivo valor terá que ser calculado, também, com atenção às alterações que possam ter ocorrido *a posteriori*.

[286] *V. g.*, moedas, títulos ou objectos com cotação definida.

[287] *V. g.*, a droga obtida através de permuta com objectos furtados

[288] *V. g.*, os serviços sexuais prestados por uma prostituta para recompensar a prática de um crime.

que pode ser considerado em sede de Direito Criminal, nomeadamente ao nível do instituto da perda de bens.

Independentemente, porém, das dificuldades existentes para calcular o valor do produto ou da vantagem, há que respeitar a opção do legislador[289] e avançar com a pretendida determinação do montante pecuniário que deve ser pago em substituição da perda, procurando-se o *quantum* que melhor traduza em termos monetários aquele que foi o benefício efectivamente retirado do facto ilícito-típico. Para esse efeito, há que lançar mão de critérios objectivos que, tendo como referência o valor económico habitualmente atribuído a bens idênticos no comércio jurídico (legal ou, até, se esse for o caso, clandestino), considere as muitas variáveis que, em função das especificidades do caso concreto, podem interferir ao nível da quantificação (idade, estado de conservação e outras características das coisas adquiridas; quantidade e qualidade das prestações recebidas; grau de fruição das utilidades obtidas; *etc.*).

Todo o processo conducente à fixação do valor do produto ou da vantagem deve guiar-se por factos concretos que se encontrem demonstrados nos autos, complementados com outros elementos que possam ser atendidos pelo tribunal[290]. No entanto, não raras vezes escasseiam os fac-

[289] Os problemas que se colocam ao nível da determinação do valor das vantagens motivou que, durante os debates da comissão que preparou a revisão do Código Penal que se viria a concretizar em 1995, tivesse sido questionado o acerto do texto que previa a possibilidade de a perda do sucedâneo em valor incidir sobre as recompensas e outros benefícios de factos ilícitos-típicos, tendo Lopes da Rocha, para ilustrar isso mesmo, avançado com o exemplo da promessa de um emprego para recompensar o cometimento de um crime. Nessa sequência, também Figueiredo Dias manifestou reservas quanto à possibilidade de a perda ser substituída pelo pagamento ao Estado do valor de bens que não sejam intrinsecamente "patrimoniais" (cf. *Código Penal, Actas e Projecto*, cit., p. 98). No entanto, a redacção legal que acabou por ser aprovada não restringiu o âmbito de aplicação da obrigação de pagamento ao Estado do valor dos bens que não possam ser apropriados em espécie, ficando plasmada no Código Penal uma solução que, sem prejuízo de algumas alterações legislativas posteriores, ainda corresponde, no essencial, àquela que actualmente está em vigor.

[290] Nos termos do disposto no artigo 412.º do CC (aplicável *ex vi* do artigo 4.º do CPP), os factos notórios não carecem de prova nem de alegação, mais podendo o tribunal socorrer-se de factos de que tenha conhecimento devido ao exercício das suas funções, fazendo juntar ao processo documento que os comprove.

tos que permitam fixar com precisão o valor do bem que não se mostra possível confiscar. Para superar tais situações, existem legislações, como a alemã, que prevêem a possibilidade de se estimar a extensão e o valor *[d]aquilo que foi obtido e do montante que deve ser deduzido* (cf. § 74.º-D [2] do *StGB*), procedimento que Jeschek e Thomas Weigund referem ser um recurso para os casos em que a investigação sobre o valor das vantagens "[p]roporciona uma base suficiente para a avaliação, mas não fornece nem permite alcançar um resultado inequívoco" [291].

Entre nós, o Código Penal não prevê a possibilidade de a determinação do valor dos bens ser obtida por via de estimativa, apenas se encontrando na legislação de combate à droga, mais especificamente no DL n.º 15/93, de 22-01, uma norma (artigo 37.º, n.º 2) que autoriza o apuramento por estimativa do valor das recompensas, objectos, direitos ou vantagens (de infracções relacionadas com o tráfico e o consumo estupefacientes e substâncias psicotrópicas) que foram misturados com bens licitamente adquiridos [292]. Não obstante, dado que o disposto no artigo 125.º do CPP permite que, em processo penal, se utilizem presunções judiciais [293/294], é possível que o tribunal de julgamento aplique as regras da lógica, da experiência ou da normalidade da vida para, a partir dos elementos de facto conhecidos, desenvolver um raciocínio inferencial que lhe permita adquirir a realidade de factos não directamente demonstrados [295]. Por

[291] *Tratado de Derecho Penal*, cit., p. 852.

[292] Em sentido idêntico, o considerando 11 da Directiva 2014/42/UE alude à necessidade de, quando há mistura de vantagens do crime com bens de origem lícita, se atender, para efeitos de confisco, ao *valor estimado* da vantagem que entrou na mistura.

[293] O Tribunal Constitucional decidiu já, diversas vezes, no sentido de que a apreciação da prova, segundo as regras da experiência e a livre convicção do julgador, autoriza que se recorra a presunções judiciais em processo penal, sem que isso importe violação dos princípios da presunção de inocência e da estrutura acusatória do processo penal (cf., entre outros, os Acórdãos do TC n.ºs 276/2004 [proc. 36/04, 3.ª Secção], 391/2015 [proc. 526/15, 2.ª Secção] 521/2018 [proc. 321/2018], 3.ª Secção) e 444/2021 [proc. 1115/2019, 1.ª Secção] <URL: https://www.tribunalconstitucional.pt>).

[294] Quanto à noção e às condições de admissibilidade das presunções judiciais, *vide* artigos 149.º e 151.º do CC.

[295] Sobre a validade e os pressupostos da denominada prova "indirecta", "indiciária", "circunstancial" ou "por presunções", *vide* José Santos Cabral, «Prova indiciária e as novas formas de criminalidade», *Julgar*, n.º 17; e Marta Sofia Neto Morais Pinto, «A prova

isso, para efeitos da determinação do valor do produto ou da vantagem de factos ilícitos-típicos, não é excluída pela nossa legislação criminal a possibilidade de o julgador, quando procede à apreciação da prova, recorrer a juízos lógicos que, segundo máximas de experiência e de acordo com a sua convicção, livre e sindicável, permitam que seja alcançado, fundadamente, o valor que se pretende apurar, ou, pelo menos, um intervalo dentro do qual tal valor se deve situar[296].

Nem sempre, porém, mesmo com recurso a presunções judiciais, as evidências ou os factos disponíveis permitem a formulação de um juízo minimamente seguro ou aproximado sobre determinada realidade. Nesses casos, quando muito, poder-se-á presumir qual seja a realidade, o que, no entanto, por maior razoabilidade e equilíbrio que haja, implica necessariamente que a ligação entre a realidade conhecida e a desconhecida seja estabelecida através de um "salto" conjectural. Desde que, porém, não se entre na área da subjectividade ou da apreciação intuitiva e puramente individual, nem das possibilidades remotas ou das conjecturas improváveis, mas sempre sejam pisados terrenos de racionalidade, ponderação e coerência, é possível conceber que, com o devido enquadramento legal, algumas indefinições factuais possam ser superadas mediante a adopção de um raciocínio, devidamente fundado e motivado, que permita encontrar uma solução que por todos seja entendida como adequada e conforme com a ideia geral de Justiça que, com referência à resolução do caso concreto, constitui o fim último da aplicação do Direito. Isso é, aliás, o que já acontece quando, no nosso Código Civil, a propósito do cálculo da indemnização de danos patrimoniais, se estabelece no artigo 566.º, n.º 3, que "[s]e não se puder averiguar o valor exacto dos danos, o tribunal julgará equitativamente dentro dos limites que tiver provados"[297].

indiciária no processo penal», *RMP*, n.º 128; bem como, na jurisprudência, o Ac. RC de 28-10-2009 [proc. 31/01.3IDCBR.C1] <URL: https://www.dgsi.pt>.

[296] Neste último caso, face ao princípio da presunção da inocência, deve o tribunal atender, para efeitos da condenação, ao valor mínimo que tenha sido balizado.

[297] Sobre o conceito de equidade e o processo de decisão segundo a equidade, *vide* Menezes Cordeiro, «A decisão segundo a equidade», *O Direito*, Ano 122, bem como Carneiro da Frada, «A Equidade (ou a "Justiça com Coração"), A Propósito da Decisão Arbitral Segundo a Equidade», *ROA*, Ano 72.

Sucede que, por resultar da alínea a) do artigo 4.º do CC que os tribunais só podem resolver segundo a equidade quando haja disposição legal que o permita, e em virtude de o pagamento do valor de produtos ou vantagens de factos criminosos não se tratar de uma obrigação de natureza civil destinada ao ressarcimento de danos patrimoniais, mas sim de uma obrigação própria de um instituto de natureza criminal, não se mostra possível fazer uso de uma ponderação equitativa para se fixar o montante pecuniário correspondente ao valor dos produtos ou das vantagens cujo confisco não se pode efectuar. Caso a matéria da perda de bens se regesse pelo princípio do ganho bruto, ainda se poderia aceitar essa possibilidade, ou seja, que, uma vez apurado que o crime proporcionou uma vantagem que não se consegue apreender em espécie, o valor da obrigação de pagamento substitutiva da perda fosse fixada com recurso à equidade (ou, eventualmente, segundo um processo lógico semelhante ao da determinação da medida da pena). Todavia, como a perda de bens não prossegue fins punitivos, a eventual condenação de alguém no pagamento de um valor que, em rigor, se desconhece se corresponde à vantagem efectivamente obtida violaria o disposto no artigo 18.º, n.º 2, da CRP, por possível excesso da medida do necessário para cumprir as finalidades do confisco de vantagens: a eliminação dos proveitos líquidos do crime.

Desta forma, ante situações em que há uma determinação factual bastante para que se saiba que um facto ilícito-típico gerou uma vantagem económica, sem que, no entanto, existam elementos que permitam quantificá-la com um mínimo de segurança ou certeza, outra solução não resta senão a de, em conformidade com o disposto no artigo 609.º, n.º 2, do CPC (*ex vi* do artigo 4.º do CPP), proferir uma condenação genérica, relegando-se para ulterior tramitação incidental a concretização do seu valor líquido[298]. Nessa sequência, poderá o Ministério Público aprofundar a recolha dos elementos de facto necessários para a determinação do valor do produto ou da vantagem do facto ilícito-típico e, após, suscitar o incidente de liquidação regulado nos artigos 358.º, ss., do CPC, subme-

[298] Também assim, CURA MARIANO, «*A perda de bens de terceiro*», cit., p. 167.

tendo a julgamento os factos que, uma vez provados, permitirão quantificar o valor dos produtos ou das vantagens que resultaram do delito criminal. Se não se mostrar possível essa liquidação, a condenação terá que permanecer ilíquida.

6.
Reflexões finais

O regime da perda de bens a favor do Estado que se encontra previsto na Parte Geral do Código Penal português resulta da evolução de um conjunto de normas que, por terem sido concebidas em diferentes contextos e sob fontes de inspiração distintas, lhe conferem características que tornam difícil apreender a sua natureza jurídica e, por via disso, interpretar sem divergências o sentido e o alcance das suas soluções.

Surgido após um longo período histórico em que, devido ao facto de a Constituição vedar ao Estado a possibilidade de punir a prática de crimes com o confisco de bens dos criminosos, apenas se podia proceder à apreensão, por motivos de defesa social, de objectos que tivessem sido afectados ao cometimento de crimes, ou que por estes tivessem sido produzidos, o regime da perda de bens estatuído em 1982 manteve a concepção preventiva que inspirava a regulação constante dos códigos penais de 1856 e 1886. No entanto, para melhor contribuir para o combate ao crime, alargou a possibilidade de a perda se estender às recompensas dadas ou prometidas aos agentes dos factos ilícitos-típicos e às coisas, direitos ou vantagens adquiridas através de tais factos. A partir de então, face ao cada vez maior reconhecimento da importância político-criminal da captura dos bens patrimoniais resultantes de actividades criminosas, assistiu-se a um alargamento progressivo do âmbito do instituto, o que se expressou quer através da ampliação do leque das vantagens susceptíveis de serem declaradas perdidas a favor do Estado (que passou a abranger a generalidade dos ganhos económicos resultantes, directa ou indirectamente, de factos criminosos), quer através da ampliação dos casos em que a perda pode ser substituída pelo pagamento ao Estado do valor de bens que deviam ser confiscados, quer, também, através da extensão da declaração de perda sem condenação criminal às situações em que se verifica o falecimento ou a declaração de contumácia do agente do facto ilícito-típico.

Todavia, apesar das alterações havidas desde 1982 até aos dias de hoje, a perda de bens prevista no Código Penal nunca perdeu as suas características *sui generis*, já que, por pressupor que se verifique uma ligação – judicialmente reconhecida – entre o bem declarado perdido a favor do Estado e um determinado facto criminoso, nunca constituiu uma medida de polícia, mas também, por operar independentemente de considerações de culpa do titular dos bens de que o Estado se apropria, nunca se configurou como um instrumento de reacção contra o crime. Tratando-se, contudo, de uma medida através da qual o Estado, na sequência de factos ilícitos de índole criminal, intervém munido do seu *ius imperii* para proteger a sociedade do crime (providenciando pela captura de instrumentos susceptíveis de serem utilizados ou reutilizados em actividades criminosas e pela eliminação das compensações económicas que incentivam ou incentivaram a prática de factos criminosos ou que destes tenham resultado), a perda de bens sempre terá que ser perspectivada, em termos conceptuais, como uma figura sancionatória de natureza criminal, ainda que autónoma em relação àquelas que tradicionalmente integram as consequências jurídicas dos factos ilícitos-típicos (as penas e as medidas de segurança).

Sucede que a evolução legislativa que permitiu a declaração da perda de activos patrimoniais concretos que já não se relacionam directamente com infracções criminais veio introduzir problemas complexos ao nível da aplicação prática das medidas de confisco. Com efeito, como a perda de vantagens não tem carácter punitivo e, logo, não pode ir além do enriquecimento líquido que o crime propiciou, nem pode prescindir, devido ao seu carácter sancionatório, da demonstração clara da proveniência ilícita dos bens que devem reverter para o Estado, surgem dificuldades em estender o confisco a aquisições patrimoniais que, sucessivamente, se encadeiam em aquisições anteriores. Por outro lado, uma vez que, à medida que se verificam operações de troca, aplicação, reinvestimento, ou transformação dos ganhos inicialmente obtidos, se torna cada vez mais difícil proceder à apreensão em espécie das vantagens e, com alguma frequência também, determinar com um mínimo de segurança qual foi o valor dos benefícios efectivamente resultantes do facto criminoso – que, nessa cadeia de transmissões, não raras vezes, se misturam com bens de proveniência lícita –, também a eficácia da substituição da perda pela condenação no pagamento do valor das vantagens pode ficar comprometida. Algo paradoxalmente, quanto mais se procura utilizar os mecanismos da perda de bens previstos no Código Penal para estender o confisco ao património resultante das operações "em cadeia" que se sucedem ao crime, mais difícil se torna cumprir eficazmente esse objectivo.

Não é fácil superar as dificuldades que se acabam de apontar, pois a perda de bens, por ser um procedimento estadual que afecta direitos e interesses do cidadão que beneficiam de tutela jurídica, encontra-se vinculada aos princípios da legalidade e da proporcionalidade consagrados no artigo 18.º, n.º 2, da CRP, bem como, em termos gerais, às garantias constitucionais próprias do direito e do processo criminal. Aponte-se, de todo o modo, que muitos dos problemas que se suscitam, actualmente, quando se pretende alargar a perda às vantagens patrimoniais que resultaram indirectamente da prática de factos ilícitos-típicos seriam vencidos caso fosse admissível o confisco de todos os bens que, por causa da prática de um facto criminoso, ingressaram na esfera patrimonial de agentes desse facto ou de terceiros, independentemente da demonstração do benefício líquido que por eles foi obtido – ou seja, independentemente de prova sobre a medida em que as utilidades desses bens foram usufruídas. Com isso, não se prescindiria da necessária demonstração da ligação entre a vantagem que deve reverter para o Estado e o facto criminoso, nem se deixaria de exigir que essa demonstração fosse feita sem qualquer inversão do ónus probatório que, de acordo com as regras constitucionais próprias do direito sancionatório, deve incidir sobre a entidade pública que impulsiona o procedimento ablativo. Simplesmente, apurada que fosse a vantagem bruta, seria possível avançar logo com a perda correspondente, diligenciando-se pela apreensão em espécie da vantagem ou, se isso não se mostrasse exequível, determinando-se o pagamento ao Estado do respectivo valor.

A substituição do princípio da vantagem líquida pelo princípio da vantagem bruta, nos moldes sobreditos, importaria inegáveis ganhos ao nível da eficácia dos mecanismos clássicos de perda de bens relacionados com o crime, desde logo por se poder decretar o confisco mesmo quando nada se logra apurar quanto ao destino que foi dado às coisas ou direitos que foram adquiridos directamente através do facto criminoso, ou quando surgem dificuldades para reconstituir a sequência de eventos ocorridos após o facto ilícito e determinar com rigor aqueles que foram os benefícios efectivamente alcançados através do mesmo. Para além disso, ante situações em que, não obstante serem identificadas vantagens subsequentes, não se mostra possível apropriá-las em espécie, facilitada ficaria também a fixação do montante pecuniário que, em substituição da perda, deve ser pago ao Estado. Acrescidamente, nos casos em que há prova de que foram vários os agentes que cometeram um crime patrimonial relativamente ao qual se desconhece que tenha havido outros beneficiários, a adopção do princípio da vantagem bruta, quando não se logra apreender os bens ilicitamente adquiridos, permitiria responsabilizar todos os comparticipantes pelo pagamento solidário do valor dos bens, sem necessidade, portanto, de ser feita a difícil demonstração de qual foi o benefício líquido obtido por cada um deles.

A adopção do princípio da vantagem bruta importaria, no entanto, uma profunda alteração da configuração jurídica da perda de bens, pois, a partir do momento em que o confisco deixasse de estar limitado pela medida do enriquecimento líquido que o facto criminoso propiciou, podendo excedê-lo, seria introduzida no instituto uma indiscutível dimensão punitiva. Por isso, e dado que, num sistema jurídico erigido sob a égide do princípio da dignidade da pessoa humana, a culpa constitui pressuposto e limite de toda e qualquer pena (cf. artigos 1.º da CRP e 40.º, n.º 2, do CP), para que seja possível estender a perda de bens a todos os ganhos económicos que foram alcançados através da prática de um facto ilícito-típico – sem qualquer desconto em função de custos suportados ou de prejuízos posteriormente ocorridos – jamais se poderia prescindir da prova da culpa do titular dos bens objecto de confisco.

Desta forma, a introdução de medidas legislativas que, para reforçar a eficácia dos mecanismos de confisco previstos no Código Penal, levassem ao acolhimento do princípio da vantagem bruta não poderia ser feito sem uma redefinição da natureza jurídica do instituto da perda de bens, trilhando-se um caminho semelhante àquele que, durante a década de

1990, começou a ser seguido na Alemanha[299]. No fundo, a perda de bens assumiria uma dupla feição, regendo-se pelo princípio da vantagem líquida sempre que não se apurasse a culpa do agente ou do terceiro beneficiário de um facto ilícito-típico (nestas situações, o confisco de produtos ou vantagens jamais poderia exceder o benefício patrimonial efectivamente retirado do facto); ou, caso se apurasse a culpa do visado pelo confisco, regendo-se já pelo princípio do ganho bruto. Esta mudança de paradigma em nada beliscaria o alcance que a perda de bens já tem actualmente, pois a mesma continuaria a não estar dependente da culpa da pessoa ou das pessoas afectadas pelo confisco. Fortalecendo, no entanto, o papel político-criminal do confisco, teria a virtualidade de acentuar a componente dissuasora do instituto, por facilitar a captura dos bens patrimoniais que apenas foram alcançados devido ao prévio desenvolvimento de uma actividade criminosa, seja por permitir uma maior amplitude do dever de pagamento ao Estado do valor das vantagens económicas alcançadas (o qual poderia passar a ser imposto mesmo quando se verifica uma desvalorização dos ganhos ou quando as vantagens são delapidadas). Ao mesmo tempo, desde que, igualmente, estivesse comprovada judicialmente a culpa do agente ou do beneficiário do facto ilícito, deixaria de haver óbices à substituição da perda de instrumentos do crime pelo pagamento ao Estado do respectivo valor. Fosse no campo da perda de instrumentos, ou no campo da perda de produtos e vantagens, seria possível alargar o alcance do confisco, ajustando-se, no entanto, sempre a sanção ao grau de culpa do agente ou do beneficiário da infracção criminosa.

A via que se acaba de ser indicada, sem prejuízo da sua exequibilidade, envolve alterações estruturais do instituto da perda de bens que reclamam um melhor aprofundamento das concretas soluções que a devem suportar. Mais simples será, porventura, aprimorar o quadro legal vigente, de molde a que, para melhor garantia do princípio da segurança jurídica, as normas substantivas suscitem o menor número de dúvidas possível e, para garantia de um processo justo e equitativo, a regulamentação processual assegure adequadamente a possibilidade de todos os interessados

[299] Cf. *supra* pp. 91 – 93.

intervirem no procedimento de perda de bens, definindo com clareza as formas de exercício dos respectivos direitos.

Sob o ponto de visa substantivo, mostra-se importante clarificar os aspectos legais que maiores dúvidas interpretativas suscitam e que, no essencial, foram sendo referidos na análise que se efectuou sobre os pressupostos operativos da perda de instrumentos, produtos e vantagens. Ainda assim, de entre eles, considera-se que aqueles que se relacionam com o confisco de recompensas merecem uma atenção especial, muito em particular – pela complexidade das questões que se levantam ao nível da sua articulação com o princípio da intervenção mínima do direito criminal – os que se referem à perda de recompensas prometidas.

Em termos adjectivos, para além da conveniência de serem melhor definidos os deveres processuais do Ministério Público e os poderes de actuação oficiosa do julgador no âmbito do procedimento de confisco, é especialmente premente regular de forma completa e sistematizada o estatuto do terceiro titular de instrumentos, produtos ou vantagens susceptíveis de serem declarados perdidos a favor do Estado; apesar de terem sido introduzidos alguns melhoramentos em 2017[300], continuam a existir demasiadas omissões quanto à forma de assegurar a tutela efectiva dos direitos de quem pode ser privado dos bens de que é titular[301]. De igual forma, urge regulamentar a tramitação processual que, nos casos de morte ou de contumácia do agente do facto ilícito-típico, deve ser seguida com vista à declaração da perda de bens; não se mostra compreensível que, estabelecendo a nossa legislação, desde a entrada em vigor da Lei n.º 30/2017, de 30-05, que o falecimento do agente ou a contumácia do arguido não impede o prosseguimento do processo para efeitos da declaração da perda de instrumentos, produtos e vantagens (cf. artigos 109.º, n.º 2, 111.º, n.º 5, e 127.º, n.º 3 do CP, e artigo 335.º, n.º5 do CPP), conti-

[300] *Vide* nota 210.

[301] Exemplificando estas omissões, escreve Cruz Bucho: "[f]icam assim por responder questões tão simples mas tão relevantes como saber quando e como deve o terceiro ter conhecimento da pretensão confiscatória, qual o prazo de que dispõe para contestar, quantas testemunhas pode arrolar, se é obrigatória a sua comparência em julgamento caso não tenha de prestar declarações, qual o âmbito da sua intervenção em julgamento." – *«A transposição da diretiva 2014/42/UE»*, cit., p. 231.

nue a nada estar previsto quanto aos termos processuais que devem ser observados quando ocorre alguma dessas eventualidades [302]. Todas estas lacunas legais, para além de potenciarem a eclosão de resultados indesejáveis, constituem fonte de inadmissível insegurança jurídica ao nível da aplicação do Direito.

Construído por etapas e sob diversas influências, o regime da perda de instrumentos, produtos e vantagens de factos ilícitos-típicos, para melhorar a eficácia das suas medidas, carece, sem dúvida, de alguns aperfeiçoamentos. No entanto, convém não esquecer que, por se estar numa área especialmente sensível, na qual não é fácil obter um correcto equilíbrio entre o interesse público de combate ao fenómeno criminal e a necessária tutela dos direitos, liberdades e garantias dos cidadãos, as intervenções legislativas a efectuar não podem prescindir de uma cuidada reflexão teórica sobre o enquadramento dogmático das soluções a adoptar. Só com essa perspectiva se logrará assegurar que a perda de bens desempenhe, de forma segura e eficaz, o papel para o qual foi concebida: proteger a sociedade do crime.

[302] Só no que respeita ao prosseguimento do processo em caso de contumácia, CRUZ BUCHO procede à inventariação de pelo menos as seguintes questões que a ausência de regulamentação suscita: "a) Aplicabilidade do novo regime aos processos pendentes; b) Separação de processo mesmo em caso de prosseguimento do processo; c) Âmbito subjectivo do confisco sem condenação (bens de terceiros?); d) Impulso processual; e) Condições de prosseguimento do processo; f) Notificações; g) O procedimento para confisco e a cessação da contumácia; h) Aproveitamento da prova produzida no procedimento de confisco no julgamento criminal; i) Relções entre o confisco e a continuação posterior do processo criminal; j) Responsabilidade tributária; k) A contrariedade de julgados e o recurso de revisão; l) Novo impedimento (por participação no enxerto com vista ao confisco – artigo 40.º?)." – *«A transposição da diretiva 2014/42/UE»*, cit., pp. 246 – 247.

BIBLIOGRAFIA

«ACTAS das Sessões da Comissão Revisora do Código Penal. Parte Geral», Vol. I e II, Lisboa: AAFDL, 1979.

ALBUQUERQUE, Martim / ALBUQUERQUE, Ruy

— *História do Direito Português*, Lições policopiadas com a colaboração dos assistentes J. ARTUR A. DUARTE NOGUEIRA, JOSÉ ADELINO MALTEZ e MÁRIO LEITE SANTOS, Vol. I (T. II) e Vol. II, Faculdade de Direito da Universidade de Lisboa, 1983.

— *História do Direito Português*, I, Lisboa: Danúbio, 1987.

ALBUQUERQUE, Paulo Pinto de

— *Comentário do Código Penal à Luz da Constituição da República e da Convenção Europeia dos Direitos do Homem*, Lisboa: Universidade Católica, 4.ª ed. act., 2021.

ALVES, Sílvia

— *Punir e Humanizar, Direito Penal Setecentista*, Tomo I, Dissertação de Doutoramento em Ciências Histórico-Jurídicas (especialidade História do Direito), Faculdade de Direito da Universidade de Lisboa, 2008.

ANDRADE, Francisco / SILVA, Marina

— «O Documento Electrónico: Suporte e Formato», *ROA*, Ano 81, Julho - Dezembro 2021, pp. 599 - 614.

ANDRADE, Manuel da Costa / ANTUNES, Maria João

— «Da apreensão enquanto garantia processual da perda de vantagens do crime», *RLJ*, 416, "Julho - Agosto 2017", pp. 360 - 370.

ANTUNES, Maria João

— *Direito Processual Penal*, 2.ª ed. (reimpressão), Coimbra: Almedina, 2020.

ASCENSÃO, José de Oliveira

— *O Direito, Introdução e Teoria Geral*, 2.ª ed., Lisboa: Fundação Calouste Gulbenkian, 1980.

— «Direito Intelectual, Exclusivo e Liberdade», *ROA*, Ano 61, Vol. III (separata), Dezembro 2001, pp. 1195 – 1217.

Barceló, Rafael / Barceló, Pedro

— *Liber Iudidiorum* (estudo preliminar: R. Barceló / tradução e notas: P. Barceló), Madrid: Boletim Oficial del Estado, 2015.

Barin, Érico Fernando

— «Alargar a Perda Alargada: O Projecto Fenix"», *RRC*, Ano IV, Número 16, Outubro – Dezembro 2016, pp. 53 – 91.

Beccaria, Cesare

— *Dos Delitos e das Penas*, Lisboa: Fundação Calouste Gulbenkian, 1998.

Beleza, Teresa Pizarro

— *Direito Penal*, 2.º volume, reimpressão, AAFDL: Lisboa, 1997.

Borges, Francisco

— «Perda alargada de bens: alguns problemas de constitucionalidade», *Estudos em Homenagem ao Prof. Doutor Manuel da Costa Andrade* (organização: J. Faria Costa, Anabela M. Rodrigues, Maria João Antunes, Helena Moniz, Nuno Brandão e Sónia Fidalgo), *Boletim da Faculdade de Direito (Studia Iuridica)*, 108, 2017, pp. 215 – 237.

Brandão, Nuno

— *Branqueamento de Capitais: O Sistema Comunitário de Prevenção*, Colecção Argumentum, n.º 11, Coimbra: Coimbra Editora, 2002.

Bravo, Jorge dos Reis

— "Investigação Financeira ou Patrimonial Postecipada – Um Lugar Estranho no Sistema de Recuperação de Ativos", *O Novo Regime de Recuperação de Ativos: à luz da diretiva 2014/42/UE e da lei que a transpôs* (coordenação: Maria Raquel Desterro Ferreira, Elina Lopes Cardoso e João Conde Correia), Lisboa: Imprensa Nacional, 2018, pp. 331 – 332.

Bucho, José Manuel S. M. Cruz

— «A transposição da diretiva 2014/42/UE. Nota à lei n.º 30/2017, de 30 de maio (aspetos processuais penais)», *O Novo Regime de Recuperação de Ativos: à luz da diretiva 2014/42/UE e da lei que a transpôs* (coordenação: Maria Raquel Desterro Ferreira, Elina Lopes Cardoso e João Conde Correia), Lisboa: Imprensa Nacional, 2018, pp. 185 – 264.

Cabral, José Santos

— «Prova indiciária e as novas formas de criminalidade», *Julgar*, n.º 17, Maio – Agosto 2012, pp. 13 – 33.

CAEIRO, Pedro

— «Sentido e função do instituto da perda de vantagens relacionadas com o crime no confronto com outros meios de prevenção da criminalidade reditícia (em especial os procedimentos de confisco in rem e a criminalização do enriquecimento "ilícito")», *RPPC*, Ano 21, Abril - Junho 2011. pp. 267 - 321.

— «O confisco numa perspectiva de política criminal europeia"», *O Novo Regime de Recuperação de Ativos: à luz da diretiva 2014/42/UE e da lei que a transpôs* (coordenação: MARIA RAQUEL DESTERRO FERREIRA, ELINA LOPES CARDOSO e JOÃO CONDE CORREIA), Lisboa: Imprensa Nacional, 2018, pp. 21 - 38.

CAETANO, Marcello

— *Constituições Portuguesas*, 4.ª ed., Lisboa: Verbo, 1978.

CANOTILHO, Joaquim Gomes) / MOREIRA, Vital

— *Constituição da República Portuguesa Anotada*, Vol. I, 4.ª ed., Coimbra: Coimbra Editora, 2007.

«CÓDIGO PENAL, Actas e Projecto da Comissão de Revisão» (Ministério da Justiça), Lisboa: Rei dos Livros, 1993.

«COMENTÁRIO CONIMBRICENSE DO CÓDIGO PENAL», *Parte Especial*, Tomo I [artigos 131.° a 201.°] e Tomo II [artigos 202.° a 307.°] (direcção: JORGE DE FIGUEIREDO DIAS), Coimbra: Coimbra Editora, 1999.

CORDEIRO, António Menezes

— «A decisão segundo a equidade», *O Direito*, Ano 122, 1990, II (Abril - Junho), pp. 261 - 280.

CORREIA, Eduardo

— *Direito Criminal*, Vol. I (reimpressão), Coimbra: Almedina, 1971.

— «A Evolução Histórica das Penas (no direito português)», *Boletim da Faculdade de Direito*, Vol. LIII, 1977, pp. 51 - 310.

CORREIA, João Conde

— *Da proibição do confisco à perda alargada*, Lisboa: Imprensa Nacional, 2012.

— «Anotação ao Acórdão do Tribunal da Relação de Lisboa de 8 de Outubro de 2014, O arresto preventivo dos instrumentos e produtos do crime», *Julgar Online*, <URL: http://www.julgar.pt/>, Outubro 2014.

— «Apreensão ou Arresto Preventivo dos Proventos do Crime?», *RPCC*, Ano 25, 2015, pp. 505 - 543.

— «*Non-conviction based confiscations* no Direito Penal português vigente: "quem tem medo do lobo mau"», *Julgar*, n.° 32, Maio - Agosto 2017, pp. 71 - 95.

— «Que futuro para a recuperação de ativos na união europeia?», *O Novo Regime de Recuperação de Ativos: à luz da diretiva 2014/42/UE e da lei que a transpôs* (coordenação: Maria Raquel Desterro Ferreira, Elina Lopes Cardoso e João Conde Correia), Lisboa: Imprensa Nacional, 2018, pp. 333 – 357.

Correia, João Conde / Rodrigues, Hélio Rigor

— «Anotação ao Acórdão do Tribunal da Relação de Guimarães de 01-12-2014, proferido no processo 218/11.0GACBC.G1», *Julgar Online*, <URL: http://www.julgar.pt/>, Abril 2015.

— «O confisco das vantagens e a pretensão patrimonial da Autoridade Tributária e Aduaneira nos crimes tributários (Anotação ao Acórdão do TRP de 23-11-2016, processo n.º 905/15.4IDPRT.P1», *Julgar Online*, <URL: http://www.julgar.pt/>, Janeiro 2017.

Costa, António Manuel de Almeida

— «Alguns princípios para um direito e processo penais europeus», *RPCC*, Ano 4, 1994, pp. 199 – 215.

Costa, Inês Almeida

— «Poderá a "reparação penal" ter lugar como autónoma reacção criminal», *RPCC*, Ano 21, 2011, pp. 495 – 543.

Costa, José de Faria

— «O fenómeno da globalização e o direito penal económico», *Estudos em Homenagem ao Prof. Doutor Rogério Soares*. Coimbra: Coimbra, 2001, p. 531 e ss.

— *Direito Penal e Globalização – Reflexões não locais e pouco globais*, Coimbra: Coimbra, 2010.

— *Beccaria e o Direito Penal*, Coimbra: Coimbra, 2015.

Costa, Mário Júlio Almeida

— *História do Direito Português*, 3.ª ed., Coimbra: Almedina, 2008.

Cunha, Filipa Nunes

— «A admissibilidade de (co)existência do confisco e outros mecanismos de recuperação de vantagens no âmbito dos crimes tributários», *RMP*, 151 (Julho – Setembro 2017), pp. 171 – 196.

Cunha, José Manuel Damião da

— *Da Perda de Objectos relacionados com o crime*, apontamentos policopiados para a disciplina de Direito Penal II, Porto: Universidade Católica Portuguesa, 1993.

— *Perda de Bens a Favor do Estado (Artigos 7.º – 12.º da Lei n.º 5/2002, de 11 de Janeiro – Medidas de Combate à Criminalidade Organizada e Económico-Financeira*, Lisboa: CEJ, 2002.

— *O Caso Julgado Parcial, Questão da culpabilidade Questão da Sanção num Processo de Estrutura Acusatória*, Porto: Universidade Católica, 2008.

— *A Reforma Legislativa em Matéria de Corrupção. Uma análise crítica das Leis n.ºs 32/2010, de 2 de Setembro, e 41/2010, de 3 de Setembro*, Coimbra: Coimbra Editora, 2011.

— «*A* Ordem de "Confisco Patrimonial" no Direito Português (Arts. 7.º a 12.º da Lei n.º 5/2002, de 11 de Janeiro)», *Medidas de Combate à Criminalidade Organizada e Económico-Financeira: a Lei n.º 5/2002, de 11 de janeiro de 2002*, Porto: Universidade Católica, 2017.

Dias, Augusto Silva

— «Criminalidade organizada e combate ao lucro ilícito», *2.º Congresso de Investigação Criminal* (Coordenação: M. Fernanda Palma, P. Sousa Mendes e A. Silva Dias), Coimbra: Almedina, 2010, pp. 23 - 48.

Dias, Jorge Figueiredo

— *Direito Penal Português. Parte Geral. Tomo II (As consequências jurídicas do crime)*, Lisboa: Aequitas, 1993.

— «O Código Penal português de 1982 e a sua reforma», *RPCC*, Ano 3, 1993, pp. 161 - 197.

— *Questões Fundamentais de Direito Penal Revisitadas*, São Paulo: Revista dos Tribunais, 1999.

— *Direito Penal, Parte Geral*, Tomo I, 3.ª ed., Coimbra: Gestlegal, 2019.

Dias, Maria do Carmo Saraiva de Menezes da Silva

— «"Perda Alargada" prevista na diretiva 2014/42/UE (artigo 5.º) e "perda do valor de vantagem de atividade criminosa" prevista na lei n.º 5/2002 (artigos 7.º a 12.º)», *O Novo Regime de Recuperação de Ativos: à luz da diretiva 2014/42/UE e da lei que a transpôs* (coordenação: Maria Raquel Desterro Ferreira, Elina Lopes Cardoso e João Conde Correia), Lisboa : Imprensa Nacional, 2018, pp. 85 - 117.

«Elementos sobre os trabalhos preparatórios da revisão do Código Penal de 1982», *RPCC*, Ano 4, n.º 3 (Julho - Setembro 1994), pp. 443 - 457.

Duarte, Jorge Dias

— «Proibição da *reformatio in pejus*, Consequências Processuais», *Maia Jurídica*, Ano I, n.º 2 (Julho - Dezembro 2003), pp. 205 - 221.

Faria, Maria Paula Ribeiro de

— «A reparação punitiva - uma "terceira via" na efectivação da responsabilidade penal?», *"Liber Disciplorum" para Jorge Figueiredo Dias* (Organização: M. Costa

Andrade, J. Faria Costa, Anabela Miranda Rodrigues e Maria João Antunes), Coimbra: Coimbra Editora, 2003, pp. 259 - 291.

Ferreira, Manuel Cavaleiro de
— *Direito Penal Português, Parte Geral*, 2.º Vol., Lisboa: Verbo, 1982.

Foucault, Michel
— *Vigiar e punir: nascimento da prisão* (tradução: Raquel Ramalhete), 20.ª ed., Petrópolis: Editora Vozes, 1999.

Frada, Manuel Carneiro da
— «A Equidade (ou a "Justiça com Coração"), A Propósito da Decisão Arbitral Segundo a Equidade», *ROA*, 2012 (Ano 72), n.º 1, pp. 109 - 145.

Freire, Paschoal José de Mello
— *Código Penal intentado pela Rainha D. Maria (com as provas)*, 3.ª ed., Coimbra: Imprensa da Universidade, 1844 [consult. 12-05-2021] <URL: https://www.fd.unl.pt/Anexos/Investigacao/2123.pdf>.

Garcia, Manuel Miguez / RIO, José Manuel Castela
— *Código Penal, Parte Geral e Especial - com notas e comentários*, 3.ª ed., Coimbra: Almedina, 2018.

Godinho, Jorge
— «Brandos Costumes? O Confisco Penal com Base na Inversão do Ónus da Prova (Lei 5/2002, de 11 de Janeiro, artigos 1.º e 7.º a 12.º)», *"Liber Discipulorum" para Jorge Figueiredo Dias* (Organização: M. Costa Andrade, J. Faria Costa, Anabela Miranda Rodrigues e Maria João Antunes), Coimbra: Coimbra Editora, 2003, pp. 1315 - 1363.

Gonçalves, Manuel Lopes Maia
— *Código Penal Português na doutrina e na jurisprudência*, 3.ª ed., Coimbra: Almedina, 1977.

Henriques, Manuel Leal / Santos, Manuel Simas
— *Código Penal Anotado*, 1.º Volume (Parte Geral), 3.ª ed., Lisboa: Rei dos Livros, 2002.

Jescheck, Hans-Heinrich) / Weigend, Thomas
— *Tratado de Derecho Penal, Parte General* (tradução: Miguel Olmedo Cardenete), 5.ª ed., Granada: Comares, 2007.

Leite, André Lamas
— «Algumas notas para um conceito operativo de "pena"», *Julgar*, n.º 32, Maio - Agosto 2007, pp. 203 - 232.

— «Contributo para a evolução histórica das penas substitutivas», *Revista Jurídica Luso-Brasileira*, Ano 5 (2019), n.º 3, pp. 153 - 257.

Leite, Inês Ferreira

— *"Ne (idem) bis in idem" proibição de dupla valoração e de duplo julgamento – contributos para a racionalidade do poder punitivo público*, Vol. I, Vol. II, Lisboa: AAFDL, 2016.

Lopes, José António Mouraz

— «Tendências Recentes da Criminalidade e Algumas Tipologias Criminais», *Criminalidade Organizada nos Domínios Económico e Financeiro*, Oeiras: INA – Instituto Nacional de Administração, 2007, pp. 7 - 69.

Machado, João Baptista

— *Introdução ao Direito e ao Discurso Legitimador*, 4.ª reimpressão, Coimbra: Almedina, 1990.

Mariano, João Cura

— «A perda de bens de terceiro relacionados com o crime», *O Novo Regime de Recuperação de Ativos: à luz da diretiva 2014/42/UE e da lei que a transpôs* (coordenação: Maria Raquel Desterro Ferreira, Elina Lopes Cardoso e João Conde Correia), Lisboa: Imprensa Nacional, 2018, pp. 137 - 184.

Mascarenhas, João Orlando

— «Recuperação de ativos – novas tendências e desafios», *O Novo Regime de Recuperação de Ativos: à luz da diretiva 2014/42/UE e da lei que a transpôs* (coordenação: Maria Raquel Desterro Ferreira, Elina Lopes Cardoso e João Conde Correia), Lisboa: Imprensa Nacional, 2018, pp. 293 - 298.

Matta, José Caeiro da

— *Direito Criminal Português*, Vol. I, Coimbra: França Amado, 1911.

Mesquita, Paulo Dá

— «Criminalidade Organizada: algumas questões processuais», *Criminalidade Organizada nos Domínios Económico e Financeiro*, Oeiras: INA – Instituto Nacional de Administração, 2007, pp. 71 - 134.

Monte, Mário Ferreira

— «Da reparação penal como consequência jurídica autónoma do crime», *"Liber Disciplorum" para Jorge Figueiredo Dias* (Organização: M. Costa Andrade, J. Faria Costa, Anabela Miranda Rodrigues e Maria João Antunes), Coimbra: Coimbra Editora, 2003, pp. 128 - 155.

MORÃO, Helena

— «Justiça Restaurativa e Crimes Patrimoniais», *Direito Penal Económico e Financeiro – Conferências do Curso Pós-Graduado de Aperfeiçoamento* (Coordenação: FERNANDA PALMA), Coimbra: Coimbra Editora, 2012, pp. 257 – 279.

NUNES, Duarte Alberto Rodrigues

— «Admissibilidade da inversão do ónus da prova no confisco "alargado" de vantagens provenientes da prática de crimes (Anotação aos Acórdãos n.ºs 392/2015 e 476/2015 do Tribunal Constitucional)», *Julgar Online*, <URL: http://www.julgar.pt/>, Fevereiro 2017.

— «Reflexões acerca da transposição da directiva 2014/42/UE em matéria de confisco "alargado" de vantagens provenientes da prática de crimes")», *O Novo Regime de Recuperação de Ativos: à luz da diretiva 2014/42/UE e da lei que a transpôs* (coordenação: MARIA RAQUEL DESTERRO FERREIRA, ELINA LOPES CARDOSO e JOÃO CONDE CORREIA), Lisboa: Imprensa Nacional, 2018, pp. 119 – 135.

PINTO, Marta Sofia Neto Morais

— «A Prova Indiciária no Processo Penal», *RMP*, n.º 128, Outubro – Dezembro 2011, pp. 185 – 222.

RODRIGUES, Anabela Miranda

— *Direito Penal Económico – Uma política criminal na era da compliance*, Coimbra: Almedina, 2019.

RODRIGUES, Hélio Rigor

— «Perda de bens no crime de tráfico de estupefacientes, harmonização dos diferentes regimes jurídicos aplicáveis», *RMP*, n.º 134, Abril – Junho 2013, pp. 189 – 244.

— «O confisco das vantagens do crime: entre os direitos dos homens e os deveres dos Estados – a jurisprudência do tribunal europeu dos direitos do homem em matéria de confisco")», *O Novo Regime de Recuperação de Ativos: à luz da diretiva 2014/42/UE e da lei que a transpôs* (coordenação: MARIA RAQUEL DESTERRO FERREIRA, ELINA LOPES CARDOSO e JOÃO CONDE CORREIA), Lisboa: Imprensa Nacional, 2018, pp. 39 – 84.

RODRIGUES, Hélio Rigor / RODRIGUES, Carlos A. Reis

— *Recuperação de Activos na Criminalidade Economico-financeira: Viagem pela idiossincrasias de um regime de perda de bens em expansão*, Lisboa: Minerva, 2013.

Rodrigues, José Narciso Cunha
— «Os senhores do crime», *RPCC*, Ano 9, 1999, pp. 7 - 29.
Rodrigues, Sofia Reis
— «Dos meios de impugnação das garantias processuais penais do confisco», *O Novo Regime de Recuperação de Ativos: à luz da diretiva 2014/42/UE e da lei que a transpôs* (coordenação: Maria Raquel Desterro Ferreira, Elina Lopes Cardoso e João Conde Correia), Lisboa: Imprensa Nacional, 2018, pp. 265 - 292.
Roxin, Claus
— *Culpabilidad y Prevencion en Derecho Penal* (tradução: Muñoz Conde), Madrid: Reus, 1981.
Santos, Cláudia Cruz
— *A Justiça Restaurativa - Um modelo de reacção ao crime diferente da Justiça Penal. Porquê, para quê e como?*, Coimbra: Coimbra Editora, 2014.
Secco, António Luiz Henriques
— «Da história do direito criminal portuguez desde os tempos mais remotos», *Revista Portuguesa de Legislação e de Jurisprudência*, Ano 4 (1872), n.º 191, pp. 450-454, 482-489, 499-502, 530-533, 547-550, 579-584, 594-596.
Silva, Germano Marques da
— *Crimes Rodoviários, Pena Acessória e Medidas de Segurança*, Lisboa: Universidade Católica, 1996.
— *Direito Penal Português - Parte Geral (III), Teoria das Penas e das Medidas de Segurança*, Lisboa: Verbo, 1999.
Silva, Sandra Oliveira e
— «Da corrupção ao enriquecimento ilícito: o alargamento do tipo incriminador como forma de contornar dificuldades probatórias?», *Criminologia Integrativa: contributos para uma comunidade criminológica de língua portuguesa* (Organização: Cândido da Agra e Marcus Alan de Melo Gomes), Belo Horizonte: D'Plácido, 2018, pp. 617 - 649.
Simões, Euclides Dâmaso
— «Cooperação Jurídica Internacional», *Criminalidade Organizada nos Domínios Económico e Financeiro*, Oeiras: INA - Instituto Nacional de Administração, 2007, pp. 135 - 199.

SIMÕES, Euclides Dâmaso / TRINDADE, José Luís F.
— «Recuperação de activos: Da perda ampliada à *actio in rem* (virtudes e defeitos de remédios fortes para patologias graves)», *Julgar Online*, <URL: http://www.julgar.pt/>, 2009.

STRATENWERTH (*Günter*)
— «A luta contra o Branqueamento de Capitais por meio do Direito Penal: o exemplo da Suíça», *Lusíada. Direito*, Série II (2005), n.º 3, pp. 85 – 93.

ÍNDICE